Rémi Raher

ORATEUR

Comment parler en public, faire un discours et devenir charismatique

ISBN version imprimée : 979-1094196083
ASIN version numérique : B016FMJX9A

SOMMAIRE

Introduction

Qui a dit que seuls les écrits restaient ?

Martin Luther King, Aristide Briand, Winston Churchill, John Fitzgerald Kennedy, Steve Jobs… Nombreux sont les grands orateurs dont la célébrité est autant liée à une biographie exemplaire qu'à un discours entré dans l'histoire. De l'art ancestral de la rhétorique aux techniques modernes du storytelling, prendre la parole en public a toujours été une compétence clé des leaders de ce monde, et la tendance n'est pas près de s'inverser !

Pour une raison ou pour une autre, la vie professionnelle et médiatique donne de plus en plus de valeur à l'intervention orale plutôt qu'à la prestation écrite. Qu'il s'agisse de mener une négociation stratégique, de lancer un nouveau service ou plus simplement de souhaiter une bonne année à ses collaborateurs, la communication orale est partout. L'éloquence est donc devenue une compétence essentielle et discriminante.

La mauvaise nouvelle, c'est que vous avez probablement des progrès à faire dans ce domaine, sinon vous n'auriez pas acheté ce livre…

La bonne nouvelle, c'est que l'aisance oratoire n'est pas un don du ciel et qu'elle est généralement le résultat d'une volonté personnelle. Si les hommes politiques et les grands patrons font appel à des conseillers et à des coachs pour améliorer leur compétence orale, il y a sans doute une raison. Vous pouvez donc faire comme eux : progresser pas à pas pour atteindre l'excellence.

Mais si la simple idée de parler en public vous donne des sueurs froides et que cette boule au ventre qu'on appelle le trac vous est familière, votre enthousiasme ne doit pas être débordant. Pourtant, dites-vous bien que (généralement) votre public n'est pas votre ennemi, et qu'il n'est pas venu vous écouter pour vous mettre en difficulté. Sortez donc de votre position de repli et oubliez votre attitude défensive pour passer à l'attaque : celui qui détient la parole détient le pouvoir, il n'appartient qu'à vous d'en faire bon usage. Portez des valeurs, incitez à l'action, inspirez vos auditeurs.

Soyez conscient que parler en public demeure un privilège et que c'est un attribut du pouvoir. La symbolique du bâton de parole n'est pas loin : il y a celui qui parle et ceux qui écoutent, il y a celui qui donne les consignes et ceux qui les exécutent... Certes, cela n'a parfois rien d'évident. Pour vous guider, vous trouverez dans ce livre les techniques à maîtriser pour vous préparer à parler en public, captiver votre auditoire, improviser en cas de besoin, répondre aux questions et devenir charismatique. Car c'est bien de cela dont il s'agit ! L'éloquence est un art, mais ce n'est pas un art inné : tout s'apprend, tout se travaille et (presque) tout s'acquiert.

Par contre, retenez bien que cet ouvrage n'est pas une trousse médicale d'urgence : si vous devez prononcer votre allocution demain et que vous ne savez pas quoi dire ni comment le dire, il va être difficile de faire des miracles, même au prix d'une nuit blanche (qui n'est d'ailleurs pas recommandée la veille d'un discours). Pensez à anticiper un minimum si vous ne voulez pas vous en mordre les doigts plus tard.

Car quel que soit votre niveau de départ, progresser ne dépend que de vous, et les occasions de vous exercer ne manquent pas : dans un dîner de famille, au restaurant avec des amis, dans une réunion interne de votre entreprise, lors de l'assemblée générale de votre association... Le point commun des orateurs de talent n'est ni plus ni moins que l'habitude. Parler en public, c'est comme écrire une lettre, découper un poulet ou faire ses lacets : plus vous le faites souvent, plus c'est facile à faire.

Improviser ne s'improvise pas, et vous ne serez jamais pris au dépourvu si vous avez dans votre besace une bonne histoire à raconter, quelques tournures de phrases amusantes et des exemples imagés pour illustrer votre propos. C'est en s'entraînant qu'on devient meilleur. Passer des heures à douter de votre capacité aura le même effet qu'une promenade en rocking-chair : cela passera peut-être le temps, mais vous n'irez pas loin. Remisez donc au placard tous vos doutes et toutes vos angoisses ; agissez !

Après tout, que se passera-t-il si votre prestation n'est pas excellente dès le début ? Eh bien il ne se passera pas grand-chose… mais vous aurez progressé.

PARTIE 1

PRÉPARATIONS

le mental, le physique, l'apparence

Si vis pacem, para bellum. « Si tu veux la paix, prépare la guerre. » Cette devise guerrière invite tout un chacun à se préparer au pire des scenarii afin d'éviter qu'il se produise. Sans aller jusqu'à vous offrir un stage commando pendant les semaines qui précèdent votre discours, vous préparer méticuleusement avant de prendre la parole vous évitera d'être pris au dépourvu.

Ayez une approche globale dans votre préparation : votre mental, votre physique et votre apparence seront aussi importants, si ce n'est plus, que le contenu de votre intervention. Ne négligez donc aucun de ces aspects si vous voulez faire sensation. Bien entendu, restez dans la mesure. Inutile de vous préparer pour un grand oral avant de féliciter votre équipe pour le travail fourni ces dernières semaines. Mais ne commettez pas non plus l'erreur inverse qui consisterait à intervenir devant l'assemblée générale des actionnaires comme vous le faites chaque matin devant vos secrétaires.

Procédez à un petit inventaire personnel. Si vous êtes sujet au trac, il va falloir faire quelque chose. Si vous avez des petits soucis d'articulation, je vous recommande de vous exercer. Et si votre look ne correspond pas à votre fonction mais que l'occasion qui se présente pourrait être une date charnière, revoyez de fond en comble votre approche de la garde-robe et du rasoir. Suivez le guide !

Chapitre 1

Du trac au stress : la préparation mentale

Vous n'y pouvez rien : prendre la parole en public est une idée à l'origine de bien des maux d'estomac. Si la plupart des gens n'ont aucun problème à parler devant des amis autour d'un café, ce n'est plus la même chose dès lors qu'ils montent sur une estrade. Pourtant, l'exercice est le même : vous allez ouvrir la bouche, dire ce que vous avez à dire, et attendre les réactions de vos interlocuteurs. Facile à dire, pas vrai ? Rassurez-vous ; la majorité des personnes qui doivent parler en public sont dans votre cas. Mais rien n'est impossible, et si la première étape est de vaincre le trac négatif, vous découvrirez ensuite les vertus du trac positif !

Vaincre le trac négatif

Le trac est souvent synonyme de problème, et pour cause : on transpire abondamment, on a du mal à trouver son souffle, la voix tremble et l'estomac se serre… Les symptômes sont multiples et rarement agréables. On associe généralement ces sensations déplaisantes à une hausse du taux d'adrénaline, mais c'est faire fausse route :

toutes ces difficultés biologiques sont en fait liées au cortisol, l'hormone du stress. J'imagine que ces considérations chimiques ne vous passionnent pas, mais cela vous aide pourtant à comprendre le trac : il n'est rien de plus qu'une manifestation ponctuelle et brutale d'un sentiment de stress.

La question est donc de savoir ce qui provoque ce stress. Prendre la parole en public n'est que l'élément déclencheur mais pas la cause du trac : vous parlez tous les jours à d'autres personnes et cela ne vous provoque a priori pas de palpitations cardiaques ni de sudation particulière. La raison est en vous : le stress que vous ressentez est une émotion générée par votre interprétation de la situation à venir. Alors, que craignez-vous ? Généralement, l'appréhension ressentie est liée à trois types de craintes :

- ne pas être à la hauteur, paraître incompétent ;
- être mal jugé par le public, subir un regard négatif ;
- être ennuyeux, ne pas intéresser l'auditoire.

Vous vous reconnaissez dans ces angoisses et ces peurs vous semblent fondées ? Révisez votre jugement et inversez la tendance !

- Si vous craignez de paraître incompétent, demandez-vous plutôt quelles sont les compétences que vous avez déjà et comment vous pouvez acquérir celles qui vous manquent. Par ailleurs, si l'on vous a demandé d'intervenir, c'est sans doute que vous êtes compétent sur le sujet...

• Si vous redoutez que vos auditeurs émettent des jugements négatifs sur votre prestation ou sur vous-même, vous prenez tout simplement le chemin à l'envers : comment le public pourrait-il contester ce que vous n'avez pas encore dit ? Et si cette crainte est liée à une argumentation bancale, peut-être suffit-il tout simplement de revoir votre point de vue ou votre discours.

• Enfin, si votre unique angoisse est de ne pas intéresser l'auditoire, la solution ne dépend que de vous : soyez enthousiaste, soyez pédagogue et transmettez votre passion pour votre sujet !

Visionnez quelques vidéos des conférences TED ou TEDx et choisissez des sujets qui vous semblent ennuyeux ou complexes. Une dizaine de minutes plus tard, avez-vous changé d'avis ? Si c'est le cas, inspirez-vous de l'intervenant pour captiver votre auditoire.

Enfin, souvenez-vous que la meilleure des façons de vaincre le trac est tout simplement d'être bien préparé ! N'hésitez pas à répéter plusieurs fois votre intervention, à la minuter, à la filmer, à vous enregistrer avec un dictaphone, à corriger des mots ou des tournures avec lesquelles vous n'êtes pas à l'aise. L'exercice peut sembler contraignant au début, mais c'est à vous de voir : voulez-vous faire du mieux que vous pouvez le moment venu ou voulez-vous vous préparer du mieux que vous pouvez pour être à l'aise le moment venu ?

À éviter : alcool et stupéfiants

Vous avez sans doute des amis charmants et pleins de bonne volonté. Suivant leur appétence particulière pour les paradis artificiels, plusieurs d'entre eux vous donneront un bon conseil pour vaincre le trac.

Qu'il s'agisse de se jeter un shot de tequila, de gober un cachet d'opiacé ou de fumer un joint, les solutions narcotiques ne manquent pas pour vaincre le trac, et c'est vrai que c'est efficace. Vous serez moins angoissé, plus détaché, et peut-être même plus drôle. Mais vous subirez aussi une baisse d'attention, des difficultés d'élocution et une chute de la mémorisation, sans oublier un manque de concentration qui sera du meilleur effet si vous devez ensuite répondre à des questions !

Ne vous prenez pas pour une rock star ou une diva de la pop : il n'y a rien de charmant à écouter un orateur éméché et l'anecdote fera rapidement le tour des couloirs. On vous pardonnera un souffle court lié au trac, et on pourra même trouver attendrissant des difficultés liées à l'émotion, mais personne n'acceptera une langue pâteuse ou un regard enfumé.

Les effets du trac positif

Souvenez-vous : le trac que vous pouvez ressentir est une émotion que vous générez vous-même en interprétant la réalité à travers une grille négative. En regardant la même situation à travers une grille positive, vous générez un sentiment de dynamisme et de motivation.

Le stress n'est pas toujours une mauvaise chose. Tout comme il existe l'euphorie et la dysphorie, il existe un *eustress* et un *distress*. Le second désigne des stimuli nocifs qui nous affaiblissent, le premier désigne des stimuli positifs qui nous galvanisent. Ainsi, la crainte de ne pas livrer une prestation satisfaisante n'est plus un sentiment paralysant mais devient un stimulus pour mieux se préparer. Au lieu de vous imaginer balbutiant devant un auditoire dubitatif, imaginez-vous hâbleur et séduisant devant un public conquis.

Laissez de côté tout ce qui vous paralyse et n'ayez pas peur de la critique. Si les remarques gratuites et destructrices sont à fuir, une évaluation intelligente peut vous aider à progresser en corrigeant vos points faibles ou vos erreurs (et c'est bien l'objet de ce livre, d'ailleurs). C'est la même chose pour le stress : un trac positif vous aidera à vous dépasser en allant de l'avant. Et pour vous aider, vous pouvez recourir à la visualisation positive.

La visualisation positive

La visualisation positive consiste à imaginer de façon aussi réaliste et précise que possible le déroulé d'un événement à venir, en y incorporant les éléments de sa réussite. Le fait d'imaginer ce succès déclenche une activité cérébrale qui provoque des petites décharges électriques (indolores !) dans les muscles associés à cette activité ; l'événement visualisé devient ainsi semblable à une expérience stockée dans le cerveau.

Pour procéder à une visualisation efficace, isolez-vous dans un lieu calme et installez-vous confortablement. Fermez les yeux et respirez lentement. Sans précipitation, imaginez-vous dans le lieu où vous devez prendre la parole (la salle, la couleur des murs, l'éclairage, la disposition des meubles...) et observez les autres personnes dans la pièce (vêtements, posture, attitude d'écoute...). Mentalement, installez-vous au pupitre ou sur la chaire depuis laquelle vous allez parler, sentez l'ambiance, les bruits de fond... Vous ressentez du calme et de la confiance.

Imaginez-vous en train de prononcer votre discours, faire votre accroche, raconter votre histoire, présenter vos idées. De temps en temps, vous levez les yeux et vous constatez que l'auditoire vous écoute attentivement et réagit à vos paroles. Imaginez la fin de votre discours, l'approbation sur les visages de vos auditeurs, les éventuels applaudissements. Vous avez réussi votre intervention et vous savourez votre réussite. Ouvrez tranquillement les yeux et reprenez votre vie normale... La bonne nouvelle ? C'est comme ça que ça va se passer.

Apprivoiser le trac le jour J

Au-delà d'une bonne préparation dans les semaines précédant votre discours, il se peut qu'une petite angoisse de dernière minute vous saisisse le jour J, quelques heures ou quelques minutes avant de prendre la parole. C'est bien normal, c'est le fameux « et si ? » négatif qui nous titille toujours au moment de sauter dans l'inconnu. Prenez ce signal pour ce qu'il est : une petite angoisse irrationnelle normale qui disparaîtra dès que vous aurez commencé à ouvrir la bouche.

Plutôt que de vous passer la rate au court-bouillon, prévoyez d'arriver en avance sur le lieu de votre intervention. Le cas échéant, prenez le temps de déjeuner avec les autres intervenants ou avec les organisateurs pour glaner les éventuelles informations qui vous manquent ou simplement pour le plaisir de découvrir de nouvelles personnes. De plus, une petite idée de dernière minute pourrait surgir de vos discussions et venir enrichir votre discours ! En revanche, souvenez-vous d'éviter l'alcool, cela nuirait à votre présentation...

Juste avant l'intervention, prenez le temps de respirer. Inspirez lentement par le nez, en gonflant votre ventre et vos poumons, puis expirez lentement par la bouche jusqu'à ce que vous les ayez vidés. En répétant plusieurs fois cette respiration abdominale, vous détendrez aussi bien votre corps que votre esprit et vous vous sentirez prêt pour l'épreuve qui vous attend. Complétez cette respiration par quelques mouvements délassants : laissez tomber vos épaules, balancez vos bras, secouez vos poignets, inclinez un peu votre tête de part et d'autre… Sentez les dernières tensions qui s'échappent de votre corps.

Enfin, éliminez les gestes parasites pour rester concentré sur votre propos. N'agitez pas vos jambes ni vos doigts, ne tapotez pas votre pupitre, ne remettez pas dix fois en place la ceinture de votre pantalon (surtout si vous êtes sur scène !). Si vous êtes debout : plantez vos pieds dans le sol, sentez la fermeté de vos appuis. Si vous êtes assis : calez-vous au fond de votre chaise et recherchez l'équilibre, redressez-vous et conservez le dos droit.

Connaître son terrain, sentir le lieu, occuper l'espace

Si le calendrier ou l'organisation de votre prise de parole vous en laisse le temps, rendez-vous dans la salle avant l'arrivée des participants (ou même quelques heures ou quelques jours avant si cela vous est possible). Commencez par prendre visuellement possession du lieu : sa dimension, ses couleurs, son éclairage, sa disposition. Puis occupez l'espace, déplacez-vous dans la pièce, parcourez les allées, déterminez l'endroit où vous attendrez et celui d'où vous parlerez.

Soyez comme un enfant dans un magasin de jouets. Touchez à tout, allumez et éteignez la lumière, vérifiez la puissance des micros, testez le vidéoprojecteur, ouvrez ou fermez les rideaux, déplacez le pupitre ou les chaises. Plus vous vous approprierez l'espace, et plus vous serez à l'aise au moment d'y prendre place pour débuter votre discours.

Faut-il parler de son trac au public ?

Parler de votre trac est possible, mais soyez conscient du message que vous voulez transmettre.

Si cela ressemble à « ma prestation va être nulle parce que ça m'angoisse de parler devant vous », mieux vaut vous abstenir. Le message serait alors double : premièrement, vous n'êtes pas capable d'assurer, deuxièmement, vous considérez vos auditeurs comme hostiles. Pas l'idéal pour incarner un meneur d'hommes et s'assurer les faveurs du public.

En revanche, vous pouvez jouer la carte de la transparence et de la proximité sur le thème : « je suis conscient de l'angoisse que je ressens et je la partage avec vous pour mieux la gérer. » Une telle approche démontre de la part du locuteur (vous, en l'occurrence) une acceptation de soi et une acceptation de l'autre, ce qui établit un contexte favorable à la communication.

Chapitre 2

Le corps et la voix : la préparation physique

Si votre posture et votre gestuelle sont importantes au moment de parler en public, votre premier outil reste votre voix. Vous devez apprendre à l'apprivoiser afin qu'elle soit suffisamment forte sans être agressive, et suffisamment claire sans être monocorde.

Placer sa voix, porter sa voix

L'appareil vocal est un instrument à vent qui produit votre voix. Il est composé d'une soufflerie (l'appareil respiratoire), d'un vibrateur (le larynx) et de résonateurs (le pharynx, le nez, la bouche). Le résultat de cette belle machinerie influe sur cinq facteurs qui rendent une voix unique :

- le volume : fort, moyen, faible ;
- le timbre : clair, moyen, rauque ;
- l'intonation : expressive ou neutre ;
- la hauteur : aiguë, médium, grave ;
- le débit : rapide, moyen, lent.

Vous ne pourrez pas forcément faire grand-chose pour transformer votre timbre ou la hauteur de votre voix (encore que…), mais en étant conscient de ces facteurs, vous pouvez vous exercer afin d'améliorer les éventuels défauts de l'articulation (l'émission des consonnes) et de la prononciation (l'émission des voyelles). Ainsi, le volume de la voix dépend de la quantité d'air inspiré, d'où l'importance de prendre le temps de parler pour jouer de ce volume et obtenir l'effet attendu : augmenter le volume pour attirer l'attention, baisser le volume pour créer une complicité.

C'est plus compliqué pour l'intonation, qui est généralement instinctive. Nietzsche écrivait : « On contredit souvent une opinion alors que ce qui nous est désagréable est en réalité le ton sur lequel on l'a exprimé. » Soyez donc attentif au ton que vous employez pour transmettre votre message. Une critique pourra être acceptée si elle est exprimée sur un ton bienveillant, mais elle passera mal si elle est dite avec une intonation sarcastique.

Autre point important pour la clarté de votre message et l'attention du public, le débit de votre discours peut aussi bien noyer vos auditeurs en étant trop rapide qu'endormir tout le public en étant trop lent. Il n'y a pas de débit idéal ; vous devez le moduler en fonction de l'auditoire et de l'objectif à atteindre. Vous pouvez par exemple augmenter la cadence en racontant une anecdote (surtout si l'action s'accélère) ou la ralentir pour insister sur un argument important ou poser une question.

En ce qui concerne l'articulation, c'est un point fondamental car bien articuler vous rend compréhensible et montre votre envie de communiquer avec vos auditeurs. La méthode la plus simple consiste à desserrer les mâchoires et à rendre les lèvres plus mobiles en ouvrant la bouche. Organisez les sons autour des consonnes et détachez-les tout en restant fluide pour ne pas hacher votre débit. Méfiez-vous notamment de trois erreurs classiques :

- les oublis de liaisons (courantes quand on lit un texte), qui sonnent comme des fausses notes (« un-pe-ti-ou-bli » au lieu de « un-peti-t-oubli ») ;
- la prononciation relâchée des r et des l en fin de mot (« arb » pour « arbre » ou « opprob » pour « opprobre ») ;
- l'abus des e muets, qui donne des allures de familiarité non contrôlée (« ach'ter » pour « acheter », ou pire : « c'te personne » pour « cette personne »).

Enfin, essayez de porter votre voix avec votre regard. Regardez vers le fond de la salle et portez votre voix à cette même distance, sans parler trop fort ni perdre le contrôle de votre timbre ou de votre hauteur. Aussi curieux que cela puisse paraître, votre appareil vocal portera votre voix là où portera votre regard. Vous aurez ainsi un volume juste sans avoir l'impression de vous égosiller. Vos cordes vocales vous remercieront.

Travailler sa respiration

Comme vous avez pu le constater précédemment, la maîtrise de votre respiration peut vous permettre de vous détendre physiquement et mentalement, mais elle est aussi un outil fondamental pour obtenir une bonne aisance oratoire en améliorant le débit, la diction et la qualité de la voix. En exerçant régulièrement votre respiration, vous pourrez devenir un (bien) meilleur orateur et vous détendre plus facilement, ce qui peut notamment vous aider à trouver le ton juste (lors d'un dialogue social compliqué ou avant de faire une annonce difficile, par exemple).

D'un point de vue mécanique, la respiration est le résultat d'un mouvement double et répétitif (inspiration, expiration) ayant pour fonction de renouveler l'air contenu dans les poumons. Vous l'aurez remarqué au cours de votre vie, la respiration nécessaire pour parler en articulant n'est pas la même que celle dont vous avez besoin pour dormir, pour nager ou pour courir.

En lisant ces lignes, vous pouvez vous rendre compte par vous-même qu'en état en repos, seul le mouvement d'inspiration est actif et volontaire, l'expiration se faisant par un simple relâchement des muscles concernés. C'est l'inverse quand vous parlez : l'effort se fait sur l'expiration puisque le son est porté par l'air expulsé et l'inspiration devient alors automatique pour compenser le manque d'oxygène.

L'objectif est de mettre en place une respiration lente et contrôlée, plus amplifiée que lorsque vous dormez mais plus douce que lorsque vous marchez vite. Maîtrisez votre respiration vous permettra ainsi de parler distinctement sans manger la fin d'une phrase par manque d'air à expirer et sans friser la crise d'apoplexie en vous forçant à finir un paragraphe coûte que coûte. Entraînez-vous à cet exercice simple : aspirez doucement de l'air par le nez, en quantité supérieure à la normale, tout en gonflant le ventre et la cage thoracique, puis expirez en parlant distinctement (vous pouvez lire à haute voix un paragraphe ce livre si vous n'avez rien d'autre sous la main).

Il est tout à fait possible que de mauvaises habitudes volontaires ou involontaires aient modifié votre aptitude naturelle à la respiration abdominale, par exemple en crispant votre diaphragme. Si respirer profondément est douloureux, je vous recommande vivement une visite chez l'ostéopathe. Si c'est simplement une gêne par manque de pratique, essayez l'exercice suivant :

- Mettez-vous debout, les pieds écartés de la largeur des épaules, et soufflez énergiquement en contractant les muscles de l'abdomen pour expulser le maximum d'air.
- Marquez un temps d'arrêt pour sentir cette sensation particulière d'une expiration complète.
- Inspirez lentement et profondément, laissez entrer l'air dans vos poumons et sentez votre abdomen qui se gonfle de nouveau.

- Marquez un temps d'arrêt pour sentir cette sensation particulière d'une inspiration complète.
- Recommencez l'exercice plusieurs fois et attardez-vous sur les sensations provoquées par chaque inspiration et chaque expiration : gêne pulmonaire, détente musculaire, etc.

Cette routine, aussi simpliste qu'elle puisse paraître, peut vous être utile dans bien des situations. Elle peut servir à réguler votre souffle en cas de respiration balbutiante, retrouver votre calme dans une situation difficile, détendre votre corps en cas de crispation excessive... et à faire le vide dans votre esprit, améliorer votre digestion, faciliter l'endormissement, etc. C'est du tout en un !

Améliorer sa posture

N'avez-vous jamais assisté à un discours dont l'intervenant danse d'un pied sur l'autre, se cramponne à son collier ou à sa broche, enfonce ses mains dans ses poches ou croise puis décroise les bras en permanence ? Si c'est le cas (et c'est sans doute le cas), vous avez probablement mal perçu ces signes extérieurs de crispation. La communication non verbale ne pardonne pas : si vous êtes en situation d'inconfort, ceux qui vous écoutent et vous regardent le ressentent aussitôt. Et si ces gestes parasites ont, en plus, une influence néfaste sur votre façon de parler, vous courez à la catastrophe en termes de perception.

La bonne nouvelle si vous êtes sujet à ce genre de tics, c'est que votre corps est un animal que vous pouvez dompter et un outil que vous pouvez forger. Pour améliorer votre prestance et mieux maîtriser votre élocution comme votre respiration, vous allez devoir travailler sur votre maintien, afin de (re)trouver le confort de la station debout comme de la station assise. Pour cela, il n'y a pas cinq cents solutions et le maître mot est la verticalité.

La verticalité correspond tout simplement à une position d'équilibre : être droit et stable établit une colonne d'air qui facilite une respiration abdominale efficace et une émission sonore fluide.

En station debout, elle se trouve en ancrant ses pieds dans le sol, bien à plat, écartés d'une distance (plus ou moins) égale à la largeur des épaules. En maintenant le buste droit et les épaules droites, vous ressentez une sorte de mouvement de bascule au niveau du bassin. Concentrez-vous sur votre stabilité en imaginant que vous maintenez un livre en équilibre sur votre tête ou que vous êtes attiré vers le plafond par le haut du crâne.

En position assise, l'écueil à éviter est de laisser votre angoisse dicter votre posture. Vous seriez alors assis sur le bord du siège, les jambes croisées avec la pointe des pieds qui touche le sol, le corps tendu en appui sur vos bras croisés qui reposent sur la table. Une magnifique attitude de nervosité et de fermeture au dialogue. Faites exactement l'inverse ! Lorsque vous êtes assis, la verticalité se trouve en s'installant confortablement au fond du siège, les pieds au sol, bien à plat, le buste vertical. Redressez votre dos et rentrez légèrement le ventre, cela facilitera la respiration en libérant la circulation de l'air. Vous vous sentez déjà mieux, non ?

Chapitre 3

Le look et l'aspect : penser à l'apparence

La beauté intérieure a bon dos quand on parle d'amour, mais c'est encore l'aspect physique qu'on remarque le premier chez autrui. Non qu'il faille être une gravure de mode pour être un orateur hors pair (pensez au sinistre mais remarquable exemple que fut Adolf Hitler…), mais votre apparence jouera un rôle sensible lorsque vous prendrez la parole en public. Votre tenue vestimentaire, votre coupe de cheveux et votre aspect général marqueront l'esprit de vos auditeurs ; soyez-en conscient et n'hésitez pas à en jouer.

L'habit fait le moine

Contrairement à un adage bien connu, l'habit fait le moine. Pour vous en convaincre, essayez d'entrer en boîte de nuit avec un short et des tongs ou de vous présenter à un entretien d'embauche avec une tenue de sport… Effet garanti ! Chaque univers possède ses propres codes et vous devez les maîtriser pour vous y intégrer ; c'est le secret des escrocs professionnels, des pique-assiette mondains, et tout simplement de ceux qui réussissent. Cela ne veut pas dire qu'il faille porter un costard-cravate en toutes circonstances : un discours en costume croisé paraîtra suranné devant des communicants tout comme une intervention en polo orange fluo aura du mal à convaincre un parterre de financiers.

Si cela vous démange vraiment, vous pouvez tenter de briser les codes, mais c'est à vos risques et périls. Le col roulé de Steve Jobs et le hoody de Mark Zuckerberg sont devenus des marques de fabrique, mais enfin… dirigez-vous vraiment une entreprise multimillionnaire ? Probablement pas, or la différence entre un génie excentrique et un manager fou à lier tient généralement à quelques millions sur un compte en banque. Donc si vous ne les avez pas en portefeuille, essayez de garder la mesure. Sans aller jusqu'à opter pour le look tongs-survet', vous pouvez faire preuve d'un peu d'originalité, en jouant sur les couleurs, les accessoires ou le maquillage (uniquement si vous êtes une femme ; la libération des mœurs ne tolère pas encore le rouge à lèvres chez les patrons de sexe masculin).

Et quoi que vous portiez, faites-le bien. Ainsi, mettre une cravate parce qu'on s'adresse à des banquiers n'est pas d'un grand intérêt si elle est nouée de travers ou ostensiblement desserrée, au même titre que porter des chaussures de ville couvertes de poussières ou de gadoue sera du plus mauvais effet. Si vous devez vous adapter à des codes qui vous sont parfaitement étrangers, restez simple. Ainsi, le jour où vous devrez rencontrer des prestataires d'une agence de marketing branchée, contentez-vous de mettre un pantalon et une chemise plutôt que de tenter le jeans vintage et le T-shirt bariolé. Idem si vous n'avez pas l'habitude de porter le costume : n'allez pas vous ruiner en achetant un modèle (très) ajusté et (trop) cintré, vous seriez aussi mal à l'aise que dans une combinaison de sparadrap.

Bien sûr, vous pouvez toujours opter pour un compromis afin d'être à l'aise et de rester vous-même, par exemple en mettant un costume sans cravate ou une cravate mais pas de veste. Si vous avez visionné quelques vidéos des conférences TED et TEDx, vous avez pu constater que tout le monde ne se promène pas en costume trois-pièces sur une estrade. Mais ne perdez pas de vue l'objectif que vous visez. Si vous faites une intervention publique en tant que jeune patron plein d'avenir, vos auditeurs plus âgés seront satisfaits de vous voir adopter leurs codes. Idem si vous faites un discours devant vos salariés en tant que manager ou patron, l'usage de la plupart des milieux professionnels demande le port de la cravate.

Par contre, si vous intervenez lors d'une journée d'étude sur le bien-être au travail ou si vous prononcez un discours de bienvenue lors d'un séminaire d'intégration ou de team building, vous pouvez porter une tenue plus décontractée. L'important, c'est l'image que vous voulez transmettre au moment où vous prenez la parole, c'est-à-dire ce que votre public attend de vous à ce moment précis. Oubliez vos prétentions à la cool-attitude ou à l'aristocratie managériale : soyez efficace.

Ceci étant dit, si vous êtes en position de le faire et que c'est dans votre nature profonde, vous pouvez tenter de changer les codes. Mais là encore, il faut rester cohérent avec vous-même. Si vous êtes un jeune patron de start-up qui a l'habitude de se promener en chaussettes dans ses bureaux, c'est déjà largement suffisant. Nul besoin d'adopter la chemise hawaïenne ou le bandana dans les cheveux pour être original à tout prix lors de la présentation du bilan annuel (et remettez vos chaussures au moment de prendre la parole, cela vous donnera meilleure allure).

Si vous êtes à l'inverse un manager rigide (voire un brin sévère) toujours tiré à quatre épingles dans des costumes sobres, un changement de style vestimentaire pour avoir l'air plus chaleureux devra se faire lentement. Ne vous pointez pas du jour au lendemain avec un short ou une chemisette en viscose pour fêter la réussite d'un projet. Commencez par abandonner la cravate et procédez par petites touches pour voir ce qui vous convient et ce qui ne vous convient pas. Soyez conscient que la communication non verbale joue beaucoup dans l'image que vous transmettez de vous-même et qu'un « mensonge visuel » est tout aussi visible qu'un mensonge oral.

Enfin, reste une question à aborder lorsqu'on choisit ce que l'on va porter : faut-il jouer de son physique ? La réponse n'a rien d'évident et il existe bien sûr des exceptions, mais je ne vous le recommande pas. Quelle serait votre réaction devant le discours d'une femme particulièrement bien faite qui porte une jupe courte laissant voir ses magnifiques jambes et un décolleté suffisamment ouvert pour laisser deviner le reste de son anatomie ? Il est probable que ces messieurs n'écouteraient pas grand-chose… et les femmes non plus.

L'exemple était facile, mais on peut poser la même question avec un homme : que vous passerait-il par la tête si vous deviez assister à un discours d'un jeune patron bodybuildé qui porte une chemisette (trop) près du corps ou un pull en matière extensible qui laisse apparaître chacun de ses muscles chaque fois qu'il bouge le petit doigt ? Votre attention serait distraite, c'est évident. Donc si la nature a été généreuse avec vous, profitez-en dans votre vie personnelle mais laissez de côté votre narcissisme lorsque vous devez prononcer un discours public. L'important, c'est votre message, pas vos mensurations.

Classique ou original : le déguisement et la distance

Parce que la vie professionnelle est un regroupement d'êtres humains avant d'être un regroupement de capitaux, vous pouvez parfois faire preuve d'originalité dans votre tenue, si l'occasion s'y prête et que le contexte le permet. Au même titre que vous allez vous déguiser en cadre si vous vous présentez à un entretien d'embauche, vous pouvez vous déguiser en quelque chose d'autre si vous prenez la parole dans un contexte différent.

Imaginez la scène : vous devez prononcer un discours pour le départ en retraite d'un collaborateur particulièrement apprécié et votre petite enquête interne (ou votre connaissance du personnage) vous indique qu'il pratique les arts martiaux japonais depuis une trentaine d'années et qu'il est à ce titre féru de culture nippone. Plutôt que de porter votre costume de tous les jours et de présenter un banal discours d'adieu en lui remettant un livre sur l'histoire du Japon, pourquoi ne pas vous vêtir d'un kimono de karaté pour prononcer un discours composé de haïkus ? Vous ferez sans doute sensation et votre collaborateur sera ému de l'attention.

Évidemment, ce type d'initiative ne peut se faire que dans un contexte détendu et si votre proximité avec la personne concernée le permet, mais les occasions ne manquent pas si vous prenez le temps d'y réfléchir et si vous avez le courage d'oser. En revanche, comme pour tout le reste, il faut garder la mesure et s'adapter au public : il peut être malvenu de prononcer un discours en portant une couche pour souhaiter un agréable congé maternité à votre secrétaire, ou de faire allusion à la passion naturiste de votre directeur financier lors de la présentation du bilan annuel...

Le crado, l'hirsute et l'imberbe

Le diable réside dans les détails, et négliger ces derniers peut vous coûter cher, car il ne suffit pas de porter la tenue adaptée et de vous tenir droit pour être crédible. Votre aspect général dépend d'autres facteurs qu'un costume bien coupé. Repensez à tous les discours auxquels vous avez assisté, en y incluant des conférences universitaires, des cérémonies républicaines, des animations estivales, etc.

Certains intervenants vous ont peut-être parfois un peu surpris ou choqué en raison d'une chemise tachée, d'une chevelure hirsute ou d'une pilosité excessive et apparente. Il serait bien dommage de commettre les mêmes erreurs ; c'est donc le moment de vous parler de votre propreté, de votre coupe de cheveux, de votre grain de peau… Nul besoin de prendre rendez-vous chez l'esthéticienne, un peu de bon sens suffit généralement !

Lorsque vous rencontrez quelqu'un, vous remarquez sa taille, son gabarit, ses vêtements et les traits de son visage. Vous remarquez aussi parfois son odeur, si la personne en question porte du parfum ou un after-shave… ou si elle sent mauvais. Évitez ce type de désagréments à vos interlocuteurs en vous présentant propre devant eux. Dans le même registre, soignez tout ce qui peut faire penser que vous êtes sale (même si vous ne l'êtes pas) : un bouton irrité sur le visage, des poils dans le cou qui sortent de votre col, etc. Si vous pensez que ce sont des petites choses sans importance, essayez de passer une nuit dans une pièce avec un moustique assoiffé et vous constaterez que les petites choses sans importance deviennent parfois le principal objet de votre attention...

Concernant la coiffure et la barbe, les hommes doivent éviter deux types d'écueils en fonction de leur âge. Au premier rang : le jeune qui veut paraître plus âgé et qui se laisse pousser une barbe de trois jours pour assombrir son visage. L'effet est généralement désastreux et laisse l'image d'un garçon négligé qui a oublié de grandir (ou de se laver). Au second rang : le senior qui veut paraître plus jeune et qui se laisse pousser les cheveux pour rajeunir son look. Le résultat donne généralement un aspect de vieux beau (ou pas beau...) qui n'assume pas son âge. Bien sûr, cela ne veut pas dire qu'un jeune n'a pas le droit d'être barbu ou qu'un vieux n'a pas le droit d'être chevelu, mais l'ensemble doit être maîtrisé pour ne pas avoir l'air négligé. Et oubliez tout de suite l'aspect faussement négligé : cela semble toujours superficiel et souvent désinvolte.

Dans le même ordre d'idée, ne pensez pas faire sensation avec un changement de look brutal le jour où vous avez un message important à délivrer. Si c'est du marketing personnel, vous pouvez vous faire plaisir : retaillez votre barbe, changez la couleur de vos cheveux, perdez dix kilos de graisse ou prenez dix kilos de muscles, blanchissez vos dents, faites des séances d'UV... C'est votre problème. Mais si c'est pour délivrer un message important, l'effet sera désastreux : les gens commenteront ce qu'ils verront plutôt que ce qu'ils entendront.

Et méfiez-vous toujours de ces changements trop abrupts. Un bouc au menton pourrait vous donner un visage agressif, une perte de poids rapide pourrait vous donner l'air fatigué, etc. Et surtout, surtout, ne cédez pas aux effets de mode. Vous êtes un leader, pas un présentateur de la TNT. Souvenez-vous de cette remarque de Gustave Thibon : « Être dans le vent, une ambition de feuille morte… ».

En ce qui concerne les femmes, le problème de la barbe et des poils dans le cou est (généralement) inexistant, mais les mêmes règles s'appliquent pour tout le champ capillaire. Ne vous présentez pas avec une nouvelle coiffure tendance si vous devez annoncer un plan social et évitez tout effet visuel si le message que vous devez délivrer est fondamental ou complexe. Comme pour les hommes, les gens commenteraient alors ce qu'ils verraient plutôt que ce qu'ils entendraient. Un changement de coiffure fréquent peut être une marque de fabrique, comme cela l'a été pour Dominique Voynet ou Anne Lauvergeon pendant plusieurs années, mais si vos prises de paroles sont peu fréquentes et qu'un discours est synonyme d'une nouvelle coupe de cheveux, les gens ne retiendront que cela.

Enfin, l'aspect de votre peau n'est pas sans conséquence, surtout si votre prestation est filmée ou que vous parlez sous une lumière un peu poussée. Évitez donc d'abuser de nourriture grasse ou d'alcool pendant les trois jours précédant votre discours, car cela pourrait vous brouiller le teint. C'est tout aussi vrai à la veille de défendre un projet ou d'assumer une négociation importante : que penseraient vos interlocuteurs si vous aviez l'air de sortir d'une nuit blanche ou d'une fête trop arrosée ?

Le bon, la brute et le dandy

Si la question de votre apparence est importante pour vous et que vous disposez d'une petite marge de manœuvre, sachez qu'une multitude d'éléments peuvent influencer l'image que vous donnez. En étant un peu habile et conscient de votre objectif, vous pouvez ainsi sembler plus doux, plus féroce ou plus distingué. Est-il utile de vous rappeler qu'il convient cependant de rester authentique et cohérent avec vous-même pour ne pas avoir l'air d'une crevette qui joue les gros bras ou d'un rustre qui fait la chattemite ?

Au premier rang des éléments à prendre en compte : les matières que vous portez. Le rendu ne sera pas du tout le même si vos vêtements sont en coton, en polyester, en velours, en viscose, en serge ou en cuir. Certains tissus sont globalement passe-partout, d'autres ont une connotation réelle : un peu old-school pour le velours (c'est une façon de porter certaines valeurs ou d'incarner une époque), plutôt tendance et jeune pour la viscose, etc. Quant au cuir, il ne passe jamais inaperçu, en bien ou en mal. Généralement considéré comme sexy ou moderne pour les femmes (à condition d'avoir un physique ni trop rond, ni trop carré), l'effet peut être assez varié chez les hommes suivant qu'on le porte en veste ou en pantalon...

Outre la matière, les accessoires ou la coupe des vêtements sont aussi des éléments distinctifs qui peuvent vous donner un air de dandy ou un look à la fois décalé et soigné. Les choix sont multiples : un nœud papillon, une pochette colorée, une chemise à col Mao… En revanche, prohibez les rappels de couleur trop baroques et souvenez-vous que vos chaussettes doivent être assorties à vos chaussures et non à votre chemise ou votre cravate.

Si vos prises de parole sont fréquentes, vous pouvez aussi opter pour une tenue classique dans votre secteur d'activité mais en portant un élément récurrent : un pin's, une fleur, un badge, un bracelet, une broche, un collier… Précaution d'usage : choisissez quelque chose qui vous représente ou qui représente votre entreprise (ou votre branche professionnelle), mais laissez de côté votre soutien aux défenseurs de la dépénalisation du cannabis ou votre écharpe de supporter du club de football de votre fils.

PARTIE 2

FACE À L'AUDITOIRE

captiver le public

Même si vous avez le meilleur texte du monde et le plus joli brushing du département, il va falloir poursuivre vos efforts le jour J. En effet, aucun public ne vous est acquis si vous n'assurez pas le moment venu, même si les gens qui vous écoutent vous aiment bien ou qu'ils partagent votre point de vue.

Il va donc falloir éveiller immédiatement l'attention de votre auditoire et la préserver jusqu'au bout, en jouant de votre voix et de vos gestes, voire de vos questions et de vos silences. En créant une forme d'interactivité avec ceux qui vous écoutent, vous développerez vos chances de les maintenir attentifs jusqu'à la fin de votre discours.

En revanche, soyez conscient qu'une erreur est vite arrivée, surtout lorsqu'il s'agit de gérer des bavards ou des retardataires, ou tout simplement de prononcer la première phrase de son intervention ! Restez donc vigilant, l'épreuve est bientôt terminée…

Chapitre 4

Éveiller la curiosité et saisir l'attention

Votre discours est prêt, votre moral est gonflé à bloc. Chaque phrase de votre texte est ciselée et chaque détail de votre mise en scène est affûté… Mais si personne ne vous écoute, ça ne servira pas à grand-chose. Il va falloir établir la communication avec votre auditoire, capter immédiatement son attention et enchaîner sans attendre pour maintenir son intérêt. Pas de panique, comme pour le reste, c'est une question de savoir-faire !

Établir la communication par le regard

En vous présentant devant lui et avant même de commencer à parler, la prise de contact avec votre public passera par le regard. Ne fuyez pas cet échange : porter son regard dans celui de son interlocuteur est le meilleur moyen d'établir un rapport de communication puisqu'on entre alors dans sa sphère en allant au-devant de lui. Prendre le temps d'agir ainsi vous permettra de respirer avant de commencer à parler et d'accrocher l'attention de vos auditeurs avant d'avoir à ouvrir la bouche.

En entrant sur scène (ou dans la pièce dans laquelle vous allez prendre la parole), prenez quelques secondes pour balayer l'assistance du regard. Regardez clairement les personnes qui constituent l'assemblée qui se trouve devant vous, ne faites surtout pas l'erreur de porter un regard hâtif au-dessus des têtes, cela vous donnerait l'air un peu perdu et traduirait un malaise et un manque de confiance en vous.

Si vous n'êtes pas à l'aise avec l'exercice, optez pour une technique simple : comptez les secondes. Tournez lentement la tête jusqu'à ce que votre regard porte sur une personne. Commencez à compter, puis changez de destination visuelle toutes les deux secondes en tournant la tête de quelques degrés. Pensez à alterner les distances afin de ne pas seulement capter des auditeurs du premier ou du dernier rang, car les autres se sentiraient alors un peu exclus… L'ensemble peut prendre de dix à vingt secondes, voire plus si vous en avez le temps (auquel cas vous pouvez même faire un aller-retour pour accrocher des regards supplémentaires).

Dans l'idéal, vous pouvez maintenir cette rotation lente du regard pendant que vous prononcez votre discours. Ce contact visuel avec votre public est essentiel pour montrer que vous avez la volonté de créer une situation de communication et que vous avez le souci d'être compris par ceux auxquels votre intervention est destinée. Mettez-vous à la place d'un auditeur : que penseriez-vous d'un intervenant qui a le regard fuyant et qui est incapable de regarder en face ceux à qui il parle ?

Au premier rang des erreurs (classiques) à ne pas commettre, évitez donc de porter votre regard sur la ligne d'horizon, en survolant vaguement la chevelure de votre auditoire, au motif qu'un regard fixe sur un point neutre vous aide à ne pas oublier votre texte. Votre visage serait alors sans émotion et votre discours complètement morne : si vous optez pour un regard qui porte au-dessus des visages, alors votre discours leur passera au-dessus de la tête !

Tant qu'à faire, évitez aussi l'erreur opposée qui consiste à fixer un nombre limité de personnes (ou pire, une seule personne). Si cela peut créer un lien de connivence pendant les premières dizaines de secondes, les personnes concernées se sentiront un peu mal à l'aise de votre insistance visuelle et commenceront à se demander les raisons de ce regard persistant, oubliant ainsi de vous écouter. Deuxième effet Kiss Cool : les autres auditeurs se sentiront exclus et se demanderont pourquoi vous ne regardez que trois personnes dans un public qui en compte dix ou vingt fois plus.

Enfin, utilisez ce que vos yeux voient. Le fait de regarder votre auditoire vous permet de l'observer et de recueillir des informations relatives à la communication non verbale : qui écoute, qui s'ennuie, qui approuve, qui réprouve, qui comprend, qui s'interroge… Cela peut vous être utile s'il s'agit d'une réunion interne car vous pourrez alors anticiper sur les réactions et les comportements relatifs à votre message. S'il s'agit d'une présentation externe, cela vous sera tout aussi utile pour nouer d'éventuels partenariats au moment d'engager la conversation en partageant un rafraîchissement après la conférence !

Trouver la première phrase… et enchaîner

Les deux premières minutes d'un discours sont les plus dangereuses : en cas de bévue, vous perdez l'attention de votre public d'entrée de jeu ou bien vous éveillez son animosité, perdant ainsi toute chance de délivrer efficacement votre message ou de convaincre vos auditeurs. À l'inverse, si vous assurez pendant les deux premières minutes, le reste de votre intervention devrait se passer sans trop de problèmes. Moralité : ne ratez pas votre entrée en matière !

Si vous avez prévu une bonne accroche, vous pouvez la sortir tout de go. La recette ne fonctionne pas toujours, mais une citation percutante ou une histoire intrigante sont une bonne façon d'accrocher le public. En revanche, ne singez pas la méthode américaine qui consiste à raconter une histoire drôle en préambule. Si la technique fonctionne de l'autre côté de l'Atlantique, c'est rarement le cas en Europe, pour des raisons aussi culturelles que linguistiques. Par ailleurs, si votre histoire ne fait rire que la moitié de l'assistance, vous aurez perdu en chemin l'autre moitié…

Si votre accroche demande un petit coup de pouce, une bonne astuce consiste à poser une question. C'est non seulement un moyen efficace pour attirer immédiatement l'attention et l'intérêt de vos auditeurs, mais cela permet en plus de créer un lien entre eux et vous, ce qui favorise l'échange. Pour cela, il y a deux façons de faire.

La première consiste à demander au public de lever la main pour répondre (« Qui a vu le dernier Batman ? »), ce qui est une manière de procéder très simple car elle ne demande pas à l'assistance de s'exprimer verbalement. Pour renforcer la participation de chacun, levez vous-même la main en guise de réponse à votre question, cela favorisera la participation de l'auditoire et la synchronisation entre vous et lui, par un phénomène de mimétisme.

La seconde méthode consiste à poser une question, à laquelle le public doit répondre par oui ou par non (« Trouvez-vous que manger des sandwichs tous les midis soit une bonne idée ? ») ou à laquelle quelqu'un dans le public doit répondre par une phrase plus longue (« Qui peut me dire ce que signifie le sigle RSE ? »). Cette méthode n'est pas sans danger : si personne ne répond ou si trois voix chuchotent dans la salle, vous risquez de vivre un grand moment de solitude. Pour pallier cette éventualité, désignez la personne qui pourrait répondre à la question que vous posez, cela l'encouragera à prendre la parole puisque vous l'invitez alors à le faire (« Avez-vous déjà envisagé votre vie sans téléphone ? Madame Duschmutz ? »).

Une fois que vous aurez saisi l'attention de tout le monde, ne perdez pas de temps, enchaînez. Parlez suffisamment fort pour que tout le monde vous entende, racontez l'histoire que vous avez préparée, délivrez votre message et présentez vos arguments. S'il y a un temps mort au début, si vous êtes inaudible ou si vous manquez d'entrain, vous aurez du mal à intéresser de nouveau vos auditeurs.

Les phrases et les erreurs à éviter

Les maladresses en début de discours sont nombreuses car on hésite sur la façon de procéder et on a du mal à se lancer. Montrez que ce n'est pas votre cas, et évitez notamment les phrases suivantes...

- « Je n'ai pas l'habitude de parler en public » : si c'est votre première phrase, vos auditeurs le constateront d'eux-mêmes !
- « Je ne veux pas vous prendre trop de temps » : parce que ce que vous allez dire est dépourvu d'intérêt ?
- « Je vais essayer d'être bref pour ne pas vous ennuyer » : avec une telle accroche, vous annoncez au public qu'il va s'ennuyer parce que ce que vous allez dire est ennuyeux...
- « Je n'ai pas eu le temps de préparer mon intervention » : parce que l'assistance devant laquelle vous parlez ne méritait pas cette attention ?
- « Je sais que je ne vais rien vous apprendre »... alors taisez-vous !

Parmi les autres erreurs à ne pas commettre, évitez de tenir vos feuilles de notes comme un rempart dressé devant vous, surtout si votre trac vous donne la tremblote ; montrer à votre public que vous avez peur de lui est le meilleur moyen de perdre votre crédibilité. C'est la même règle pour le micro ou le pointeur laser du Powerpoint : si vous n'êtes pas capable de le maintenir fixe, trouvez une solution. Pour le micro, il suffit de le plaquer sur votre menton et d'appuyer fermement. Pour le pointeur laser, il suffit de… l'éteindre ?

Autre écueil classique : parler trop vite. Le stress accélère votre rythme cardiaque et risque donc de vous faire parler plus vite que de coutume. Conséquences : vous êtes difficilement audible, vous avez l'air peu sûr de vous et vous laissez le public à la traîne. Ouille ! Pour éviter cela, revoyez les exercices respiratoires de la première partie de ce livre, et si c'est vraiment la catastrophe, reprenez-vous et faites preuve d'humour : « Désolé, je crois que je me suis un peu emballé… C'est que je déborde d'enthousiasme ! Je vais reprendre au début. »

Dernier petit souci qu'on remarque parfois : une débauche de gestes parasites et disgracieux. On croise les bras, on se gratte le nez, on se tapote les lèvres, on ajuste son pantalon, on tripote les boutons de sa veste… Stop ! Si vous ne savez pas quoi faire de vos dix doigts pendant que vous parlez, utilisez des petites fiches pour vos notes de discours. Le simple fait de les tenir vous occupera au moins une main, ce qui limitera les dégâts si vous avez la bougeotte.

Chapitre 5

Préserver l'attention du public

Vous avez éveillé l'attention du public avec une question bien posée et une accroche bien pensée ? Bravo ! Néanmoins, ce n'est que le début et votre discours est loin d'être fini, donc ne relâchez pas votre attention. Pour conserver les bonnes dispositions de votre auditoire, tâchez de faire les gestes adéquats, essayez de jouer de vos silences et surtout, restez communicatif !

Adopter la gestuelle adéquate

Les gestes sont la partie la plus visible de la communication non verbale, et ils ont un tel rôle dans l'expression générale que nous en faisons même au téléphone, précisément quand notre interlocuteur ne peut pas nous voir.

On pourrait consacrer un livre entier à l'expression corporelle et à la gestuelle du discours, mais pour l'instant, retenez seulement trois choses : ce qu'il faut faire, ce qu'il ne faut pas faire, et la technique de l'ancrage analogique.

Ce qu'il faut faire

Variez vos gestes : si vous répétez le même geste, cela exprime l'ennui et la lassitude, surtout si c'est un geste machinal (triturer son alliance, lisser sa cravate, se gratter l'oreille...). Tournez-vous vers l'auditoire : ne retenez pas vos gestes, ouvrez vos bras, et ne restez pas renfermé sur vous-même. Et enfin, occupez l'espace (si vous intervenez debout). Marchez, bougez, allez vers le public (par exemple pour appuyer sur un argument décisif), revenez sur vos pas (par exemple en faisant un retour chronologique dans votre discours), remplissez la scène de vos gestes.

- Poing fermé = conviction
- Index pointé = fermeté
- Paumes vers le haut = ouverture
- Gestes vers le haut = assurance
- Bras ouverts = honnêteté
- Gestes ronds = douceur

Ce qu'il ne faut pas faire

De nombreux gestes sont à prohiber lorsque l'on parle en public, soit parce qu'ils perturbent l'écoute, soit parce qu'ils transmettent un message négatif. En voici une petite liste (non exhaustive)...

- Toucher son visage = nervosité
- Toucher son oreille = manque d'assurance
- Toucher son nez = mensonge ou dissimulation

- Toucher le coin de sa bouche = manipulation
- Se dandiner = gêne ou manque de confiance
- Croiser ses membres = fermeture ou insécurité
- Cacher son sexe = gêne ou appréhension

L'ancrage analogique

La technique de l'ancrage analogique est une gestuelle qui favorisera l'attention du public et qui facilitera la compréhension de votre message. Elle s'emploie lorsque vous avez au moins deux choses à expliquer, relatives à un même sujet. Vous vous déplacez alors d'un endroit à un autre pour expliquer chacun de ces points, en occupant un endroit dédié pour chaque point abordé.

Par exemple, vous devez expliquer les avantages et les inconvénients d'une nouvelle procédure. Commencez par expliquer le premier avantage. Puis faites un pas sur votre gauche et expliquez le premier inconvénient. Reprenez votre position initiale et expliquez le second avantage, et ainsi de suite.

Si vous intervenez assis, vous pouvez faire la même chose en utilisant le bras gauche pour le premier point de vue et le bras droit pour le second point de vue (en reproduisant le même geste avec chaque bras pour marquer la continuité de votre raisonnement).

Maîtriser le silence et ses conséquences

« La parole est d'argent, mais le silence est d'or », dit un adage bien connu. Car savoir parler, c'est aussi savoir se taire. La maîtrise du silence fait partie intégrante de la prise de parole en public, et c'est pourtant assez peu instinctif : généralement, le silence nous angoisse, surtout devant une assemblée de plusieurs dizaines de personnes. Nous avons alors tendance à vouloir combler ce que nous ressentons comme un vide, pour ne pas avoir à subir un échange de regards sans bruit. Grossière erreur.

Premier cas de figure : le silence contraint, c'est-à-dire exogène. Une porte s'ouvre en grinçant, un téléphone portable se met à sonner, une ambulance passe à proximité toutes sirènes hurlantes... L'attention de votre public est ponctuellement attirée ailleurs, l'auditoire se détourne de vous. Instinctivement, on aurait tendance à hausser le ton pour couvrir le bruit ou attirer de nouveau l'attention vers soi, mais c'est assez peu efficace. En cas de perturbation, la meilleure solution est encore de vous taire en attendant que l'attention revienne vers vous. Vous pouvez même mettre cette petite distraction à profit pour boire une gorgée d'eau et remettre de l'ordre dans vos notes, c'est tout benef' !

Second cas de figure : le silence voulu, c'est-à-dire volontaire. Une pause que vous déclenchez pendant votre discours offre plusieurs avantages. Le silence est intéressant pour vous, tout d'abord. Une pause vous permet de reprendre votre respiration, d'oxygéner votre cerveau et de rassembler vos idées. Elle permet aussi de mettre l'accent sur une idée (il suffit de marquer un silence de quelques secondes juste après l'avoir énoncée) ou de ménager le suspense (auquel cas il faut marquer un silence avant de délivrer le message attendu). Mais le silence est aussi intéressant pour les auditeurs. Car une pause leur permet de mieux intégrer ce que vous venez de dire, de prendre des notes le cas échéant et de souffler un peu (eux aussi) pour mieux maintenir leur attention par la suite.

Bref, n'ayez pas peur des silences : c'est une partie essentielle de votre discours. D'ailleurs, ne dit-on pas qu'après une symphonie de Mozart, le silence qui suit est encore de Mozart ?

Être interactif et communicatif

Le point essentiel pour maintenir le contact avec votre public, c'est de rester interactif pour rester communicatif. Gardez un œil sur votre auditoire et prêtez-lui une oreille attentive. Si vous commencez une démonstration qui ennuie tout le monde mais que vous continuez obstinément parce que vous aviez prévu de faire comme ça, vous courez à l'échec. Ne vous enfermez pas dans une tour d'ivoire virtuelle au motif que vous êtes debout sur une estrade tandis que vos auditeurs sont assis dans un amphithéâtre.

Lutter contre le trac en ne regardant pas ceux qui vous écoutent est une erreur que vous ne devez pas commettre. Car vous isoler derrière votre micro est l'inverse de l'objectif recherché : vous voulez communiquer avec les autres, pas vous parler à vous-même. Par ailleurs, c'est bien souvent en établissant un lien de connivence avec le public qu'on oublie son trac initial. On se rend compte que l'auditoire n'est pas une fosse aux lions remplie de fauves qui veulent vous voir saigner, mais plus généralement de gens comme vous et moi qui veulent simplement vous écouter.

Si vous sentez l'attention faiblir, reprenez la méthode d'ouverture : posez une question. En incluant l'assistance dans votre discours, vous la maintenez active et réactive. N'attendez pas forcément une réponse à votre question, il peut tout à fait s'agir d'une question rhétorique : « Je viens de vous raconter cette histoire d'un petit garçon égaré en forêt, mais avez-vous compris où je voulais en venir ? » Marquez un silence, parcourez les visages, puis enchaînez avec votre explication et délivrez votre message. L'attention du public, c'est quelque chose qui se provoque et qui s'entretient.

Si vous devez lire un texte...

Exercice particulier et souvent malaisé, lire un texte en public n'a rien d'évident. Les occasions sont multiples : un article de loi, un texte littéraire, l'extrait d'une convention... La lecture est parfois indispensable et tout l'enjeu est alors de maintenir l'attention de l'auditoire.

Pour éviter d'ennuyer tout le monde, préparez soigneusement le document écrit, de manière à le lire aisément. Pensez à la taille des caractères, inscrivez des repères identifiables pour découper le texte et aérez la mise en page pour optimiser le confort de lecture.

Au moment de lire le texte, lisez mentalement une phrase ou une partie de phrase, puis levez les yeux vers l'assistance et dites le texte. Recommencez l'opération autant que faire se peut, en lisant en silence et en ne parlant que lorsque vos yeux sont tournés vers le public. Pour éviter les temps morts, mieux vaut donc s'être familiarisé avec le texte en question dans les jours qui ont précédé la prise de parole !

Chapitre 6

Gérer les petites contrariétés

Aussi doué que vous soyez en matière de prise de parole en public, vous n'êtes pas à l'abri d'une mauvaise surprise, qu'elle vienne des autres ou de vous-même. Retardataires, auditeurs bavards, lapsus, trous de mémoire... Tout problème a sa solution, faisons donc un tour d'horizon !

Les retardataires et les bavards

Qu'il s'agisse d'une intervention devant cinq ou cinq cents personnes, il y a (presque) toujours un ou plusieurs retardataire(s). Il n'y a aucune règle fixe en la matière et tout dépend bien sûr de votre personnalité, mais votre réaction doit tout de même tenir compte de la taille de l'auditoire. Si vous prenez la parole devant plus de cinquante personnes, le mieux est d'ignorer les retardataires et de poursuivre votre discours. Et surtout, évitez de saluer d'un « bonjour, monsieur le directeur » un P-DG pris en faute, cela ne ferait que souligner son retard devant le reste de l'assistance...

Si vous prenez la parole devant moins de quinze personnes et qu'il s'agit d'une réunion interne, il peut être bien vu d'accueillir brièvement les retardataires et de leur résumer le début de votre intervention ou le point que vous êtes en train de développer (surtout s'ils sont concernés).

Ponctualité, clémence et fermeté

Accueillir ou non les retardataires lorsque vous parlez devant moins d'une vingtaine de personnes ne relève que de votre propre choix et doit correspondre à votre état d'esprit. Surtout, ne vous forcez pas ; accueillir un participant dont le retard vous agace n'est pas une bonne option : vous risquez de vous montrer désagréable en étant trop sec ou ironiquement obséquieux. Même si vous cherchez à dissimuler votre irritation, votre gestuelle et votre intonation vous trahiront (si ce ne sont pas les mots que vous employez).

À vous donc de convenir avec vous-même de votre souplesse face à la ponctualité. Vous avez le droit de penser qu'il y a un horaire à respecter, que les dix à quinze minutes de battement que vous avez laissées avant de commencer sont amplement suffisantes et que vous n'avez donc pas à pénaliser les autres auditeurs en reprenant votre exposé depuis le début.

Vous pouvez aussi être plus clément car un retard se produit généralement de façon involontaire et imprévue ; une urgence peut arriver sans prévenir et les transports en commun ne sont pas toujours très fiables. À vous de décider, mais soyez cohérent et n'adaptez pas votre réaction en fonction de la personne qui est en retard. Cela serait contraire au principe d'égalité et vous pourriez passer pour un couard, un lèche-bottes ou un salaud, en fonction des personnes concernées...

S'interrompre, écouter, répondre

Parmi les autres interruptions que l'on peut avoir à gérer lorsque l'on parle en public, il y a bien évidemment les questions spontanées. Peut-être préférez-vous finir votre propos d'abord et que l'on vous pose des questions ensuite car cela vous aide à ne pas perdre le fil de votre pensée, et c'est bien légitime, mais dans ce cas, précisez-le et faites preuve d'humour pour détendre l'atmosphère : « Je vous remercie de votre question et je vais y répondre dans quelques instants mais j'aimerais terminer sur ce point afin de ne pas perdre le fil de mon intervention ; je suis comme tout le monde, vous savez, j'ai une capacité de concentration limitée... »

Quoi qu'il en soit, ne soyez pas hostile à votre interlocuteur. Si une question vous est posée, c'est que celui qui vous interroge s'intéresse à ce que vous dites. Il est possible que l'objectif soit de vous prendre en défaut, mais vous montrer hostile serait donner raison à votre agresseur embusqué. Dans un cas comme dans l'autre, écoutez la question avec attention et restez bienveillant : en restant calme et posé, vous répondrez plus aisément.

Si l'interrogation vous semble peu claire, reformulez la question (surtout si l'auditoire est nombreux) afin que chacun saisisse le sujet dont vous allez parler après avoir été interrompu, et demandez si vous avez bien compris la question (« Ce que vous voulez savoir, c'est… ? »).

Bruits de fond et chuchotements

Si vous avez affaire à des bavards chroniques, la façon de les gérer dépend de votre aisance et de votre humeur. En tout cas, si le bruit qu'ils font devient gênant, ne faites pas mine de les ignorer, c'est une stratégie vouée à l'échec. Non seulement cela pomperait votre énergie, que vous ne mettriez alors pas dans votre discours, mais cela perturberait en plus grandement la qualité de l'écoute de celles et ceux qui sont intéressés par ce que vous racontez.

Vous pouvez opter pour la méthode abrupte : « Excusez-moi messieurs, mais vous me dérangez et vous dérangez vos voisins, donc il faut trouver une solution : soit vous sortez, soit vous baissez le volume. » Vous pouvez aussi opter pour un peu d'humour : « Je vois que nous avons là deux jeunes gens qui ont des précisions à apporter à mes propos ; messieurs, je vous en prie, rejoignez-moi sur l'estrade ! »

Enfin, il vous reste une solution très simple : ne dites plus rien et regardez fixement les fauteurs de trouble. Comptez jusqu'à dix dans votre tête ; le malaise devrait devenir palpable. Saluez la mine déconfite des perturbateurs soudain silencieux d'un « merci » suffisamment appuyé, et reprenez là où vous en étiez.

Bouche sèche et trous de mémoire

Sans qu'on ne sache trop pourquoi, on ressent parfois une drôle de sensation, comme si on venait de manger du sable : la bouche est sèche, la langue est pâteuse, et l'élocution devient difficile. Même en buvant des litres d'eau ou de soda, l'ensemble ne s'améliore pas. Il n'y a en fait qu'une seule solution, et elle tombe sous le sens : saliver.

Pour cela, une astuce toute simple consiste à se mordre la langue. Ni plus ni moins. Allez-y franchement, mais sans vous faire mal. Vous allez saliver dans les secondes qui viennent. Une autre méthode consiste à manger du citron, dont l'acidité provoque un réflexe de salivation. En y repensant dans les moments difficiles, une sorte de réflexe de Pavlov devrait vous faire saliver. À titre personnel, je préfère une petite morsure ; c'est indolore et efficace en toutes circonstances.

Si vous détectez le problème quelques instants avant de prendre la parole, mangez un bonbon à la menthe (oui, il faut avoir prévu le coup). Le mélange de fraîcheur et de sucre provoquera un afflux de salive dans votre bouche, solutionnant ainsi votre problème de sécheresse buccale.

À noter que ce type de sensations va souvent de pair avec un petit trou de mémoire (il serait dommage de se priver d'une démonstration pratique de la loi de Murphy, la fameuse « loi de l'emmerdement maximum » qui veut qu'un problème n'arrive jamais seul). Que faire lorsque votre esprit vous présente soudain une portion de néant et que vous ne savez absolument plus ce que vous vouliez dire ? Eh bien... Répétez ce que vous venez de dire sur un ton et un rythme différents, cela devrait vous aider à retrouver le fil de votre discours. Si cela ne suffit pas, gagnez du temps : posez une question au public pour le distraire en attendant que ça revienne.

Et si vraiment vous êtes dans la panade, prenez l'assistance à témoin et confessez votre trou de mémoire. Amusés, vos auditeurs riront avec compassion et ce moment de détente nerveuse devrait suffire pour que vos souvenirs se remettent dans le bon ordre.

Lapsus et autres difficultés d'élocution

Personne n'est à l'abri d'un petit problème d'élocution. Que vous buttiez sur un mot ou que vous fassiez un amusant lapsus, utilisez-le à votre avantage. Si votre public sourit, souriez aussi. Ce fugace moment de complicité est à partager avec vos auditeurs. Il n'y a rien de honteux à se tromper ou à balbutier, et c'est le genre de petit événement qui rend un discours authentique.

Ne commettez surtout pas l'erreur de vouloir réparer votre égarement en changeant de phrase pour essayer de lui donner un sens. C'est peine perdue et le résultat serait catastrophique : vous perdriez complètement le fil de votre discours et vous risqueriez en plus de raconter n'importe quoi. Au contraire, vivez ce moment comme une future anecdote à raconter… pourquoi pas lors de votre prochain discours ?

À titre d'exemple, souvenez-vous de Lionel Jospin lorsqu'il était Premier ministre. Alors que des discussions animent les médias quant à son passé trotskiste, il fait un lapsus en ce sens lors d'une intervention publique, commençant à articuler « trots… » au lieu de « travaillistes ». Plutôt que de s'emballer, il s'arrête, marque un silence et ébauche un sourire en coin… Le public applaudit, le Premier ministre n'en demandait pas tant.

Si vous faites un lapsus d'ores et déjà passé à la postérité grâce à une personnalité publique, ne vous gênez pas pour lui faire un clin d'œil, cela renforcera la connivence avec votre public. Par exemple : « Nous allons devoir revoir notre grille tarifaire à l'aube de cette nouvelle année, car nous déplorons malheureusement une grosse fellation… euh, inflation ! Rachida, si tu nous écoutes… » (Je vous l'accorde : elle était facile, celle-là !)

Trucs et astuces des acteurs de théâtre

En matière de prise de parole en public, difficile de trouver plus aguerri qu'un acteur de théâtre ! Profitons donc de leur savoir-faire en matière de petites contrariétés.

• *Transpiration*

Somatisation du trac, salle trop chauffée ou climat trop moite, les causes d'une transpiration abondante sont multiples, mais le résultat est le même : le front ruisselle et le dos dégouline, on se sent vite mal à l'aise et l'humeur générale s'en ressent.

Ne vous emballez pas ; s'il fait chaud, c'est normal d'avoir chaud. Pensez à respirer calmement et vous contrôlerez globalement le reste. En revanche, si votre corps se transforme en fontaine, il y a une solution plus radicale. C'est désagréable et il faut éviter de le faire souvent sous peine de problèmes rénaux, mais avalez une cuillère à café (rase) de sel de table. Le sodium ainsi absorbé permettra de retenir l'eau à l'intérieur de votre corps.

• *Articulation*

Pour éviter les difficultés d'élocution en début de discours, faites des exercices de diction pour vous délier la langue. Tout le monde connaît des phrases un peu compliquées à prononcer et à répéter plusieurs fois de suite, et je ne vous propose la liste suivante qu'à titre d'exemples (dont certains sont tirés du sketch « Articulation » des Inconnus, d'où leur côté... iconoclaste). N'hésitez pas à utiliser celles que vous préférez !

- Je veux et j'exige d'exquises excuses.
- Fausses factures falsifiées pour s'en foutre pleins les fouilles.
- Trois petites truites cuites, trois petites truites crues.
- Minus moutons en masse, minables et immatures, je vous méprise et vous emmerde.
- Des poches plates, des plates poches.
- Petit peuple pourri, tu pues, pollues et me répugnes.
- Onze oncles, onze ongles, on jongle.
- La grosse cloche sonne.
- Piano, panier, piano, panier, piano, panier, piano, panier...

• *Mémorisation*

Si vous devez mémoriser un texte d'une quinzaine de phrases en peu de temps, une méthode simple mais efficace consiste à vous déplacer pour faire appel à votre mémoire visuelle et kinesthésique en même temps que votre mémoire auditive.

Mettez-vous dans votre salon et lisez les deux premières phrases à haute voix en les jouant (donc en employant la gestuelle appropriée). Recommencez jusqu'à ce que vous puissiez les réciter sans même jeter un œil à vos notes.

Rendez-vous dans votre cuisine puis faites la même chose avec les deux phrases suivantes, puis allez dans votre salle de bains et recommencez, puis dans votre chambre, et ainsi de suite. Enfin, refaites le chemin en entier, en récitant chaque phrase dans la pièce appropriée… Au moment de dire votre texte, vous referez ce chemin dans votre tête ; ce ne sera alors plus un long texte dont vous aurez besoin de vous souvenir, mais une succession de phrases plus facile à réciter.

À noter qu'une méthode assez similaire peut s'appliquer aux enfants qui doivent apprendre des poèmes. Il suffit de leur faire apprendre chaque strophe dans une position corporelle différente : debout, accroupi, allongé, à genoux, assis, les bras tendus sur les côtés, etc. Aide-mémoire garanti !

PARTIE 3

IMPROVISER

prendre la parole sans préparation

Cette partie pourrait se résumer en une seule phrase, que vous lirez d'ailleurs plusieurs fois : improviser ne s'improvise pas. C'est un peu bizarre de le dire comme ça, mais mieux vous serez préparé à improviser, mieux vous serez à même d'improviser. Car s'exprimer quand on n'avait pas prévu de le faire est un exercice qui s'apprivoise ; en intégrant diverses techniques au fur et à mesure, cela pourrait même commencer à vous plaire !

D'une façon générale, l'art de l'improvisation ne repose pas sur de grandes méthodes à étudier, mais plutôt sur de petites astuces à appliquer. Au premier rang de celles-ci : ne vous précipitez pas, vous risqueriez de balbutier dès le début et de ne pas vous en remettre pour la suite de votre intervention. Tout ce qui commence en pédalant dans la semoule s'expose à finir en taboulé, et ce n'est vraiment pas le but recherché.

Donc souriez face à l'adversité et restez concentré sur l'objectif à atteindre. Vous trouverez dans les pages qui suivent le b.a.-ba d'une improvisation réussie, que vous soyez pris au dépourvu ou prêt à parler. Et souvenez-vous : c'est en forgeant qu'on devient forgeron, donc saisissez toutes les occasions pour vous entraîner et vous perfectionner !

Chapitre 7

Principes de base et techniques d'improvisation

Si improviser un petit discours en public vous donne des sueurs froides, dites-vous qu'il suffit d'un peu de méthode pour limiter la casse et d'un peu de volonté pour progresser. Inutile de réinventer la roue en essayant d'imiter ce que vous voyez à la télé : des techniques existent et elles ont déjà fait leurs preuves en situation. Donc respirez, souriez, parlez et concluez. Et surtout, prenez le temps... de prendre le temps !

Sourire et prendre son temps

Vous l'avez sans doute retenu des chapitres précédents : la première chose à faire quand on vous demande de parler, c'est de respirer. Cela peut vous sembler anodin, mais c'est la meilleure façon de commencer. Entre le moment où l'on vous propose de parler et celui où vous commencez à le faire, prenez le temps d'avoir une bonne respiration abdominale. S'il vous faut quelques secondes supplémentaires pour cela, aucun problème : ces quelques instants grappillés vous permettront d'obtenir le silence de la salle et de générer une position d'écoute chez vos auditeurs.

En même temps que vous respirez, pensez à sourire. Même si vous avez un peu le trac, cela laissera votre auditoire penser que vous êtes à l'aise, il sera donc en de meilleures dispositions pour vous écouter. Et puis sourire a toujours un effet sur celui qui sourit, cela contribuera à vous détendre et à vous rendre plus serein avant de commencer à parler.

Une fois que vous êtes prêt, allez-y. Mais ne confondez pas improvisation et précipitation : prenez votre temps. On vous a demandé de parler, pas de parler vite. Prendre votre temps vous permettra de structurer votre pensée et de mettre en place vos idées. Parler lentement aura deux effets positifs : vous aurez l'air parfaitement à l'aise et vous pourrez réfléchir à ce que vous allez dire.

C'est la même chose que pour les pauses évoquées dans le chapitre 5 : prendre le temps de parler et de marquer des silences sera utile aussi bien pour vous que pour votre public. Parler vite est d'ailleurs la marque des orateurs paniqués : n'avez-vous jamais vu quelqu'un se lever et bredouiller rapidement trois phrases avant de se rasseoir en ayant le souffle court et le visage tout rouge ? Évitez de faire la même erreur, d'autant plus que marquer des silences est encore plus légitime lorsqu'on improvise, puisqu'on n'a pas eu le temps de préparer un discours et qu'on n'a aucune note sous les yeux.

Les 3 S : sincérité, spontanéité, simplicité

Lorsqu'on improvise en public, la règle des 3 S est une bonne ligne de conduite. Il faut faire preuve de sincérité, de spontanéité et de simplicité.

Sincérité

Ne cherchez pas à délivrer un message élaboré, dites ce que vous pensez. Et si cela fait appel à une émotion en particulier, c'est encore mieux, votre discours n'en sera que plus touchant. N'essayez pas de masquer votre ressenti ni de biaiser vos sentiments. Lors d'un discours improvisé, on attend de vous un « parler vrai » qu'on ne retrouve que rarement dans les interventions minutées. Profitez-en, votre marge de manœuvre est plus grande !

Spontanéité

Puisque vous n'avez pas eu le temps de préparer de citation de circonstance ni de métaphore filée pour dérouler votre propos, il ne vous reste plus qu'à être spontané. Le danger, c'est d'être pris de court et de n'avoir rien à dire… mais rien ne vous empêche de changer les règles du jeu en parlant d'un thème connexe !

Par exemple : vous n'avez pas grand-chose à dire sur l'interruption volontaire de grossesse et ses considérations éthiques ? Expliquez que ce thème fait avant tout référence au combat de milliers de personnes pour l'émancipation de la femme et embrayez sur l'égalité des sexes, les débats actuels sur la parité et le « plafond de verre » dans les entreprises, etc. Si on vous a donné la parole, vous pouvez en faire ce que vous voulez…

Simplicité

Enfin, puisqu'on vous a demandé d'improviser un petit discours, n'essayez pas de le transformer en long exposé. Faites court, et restez le plus simple possible. Une longue improvisation est généralement plus ennuyeuse qu'un long discours, puisqu'on ne sait pas où elle mène et qu'elle n'a pas de plan précis en guise de feuille de route. Idem pour les phrases : sujet, verbe, complément, c'est amplement suffisant !

Improvisation théâtrale : la méthode de l'Actors Studio

La célèbre école de comédie de New York délivre un enseignement basé sur un système inventé par le metteur en scène russe Constantin Stanislavski et sobrement baptisé « la Méthode ». Il serait laborieux d'en détailler tout le contenu ici, mais l'idée globale que vous devez retenir est que la meilleure source d'inspiration d'un comédien qui doit improviser se trouve en lui-même, dans ses émotions, ses souvenirs, ses expériences.

Cherchez en vous-même. Parler de soi et de son expérience est à la portée de tout le monde, cela permet de créer immédiatement un lien de communication avec votre auditoire puisque vous vous livrez à lui, et cela annule de fait tous les éventuels problèmes de mémoire ou d'hésitation. C'est votre histoire, donc c'est vous qui la connaissez le mieux.

Bonus : en parlant de vous-même, votre sincérité sera évidente, qu'il s'agisse d'enthousiasme, d'angoisse ou de colère. Vous toucherez ainsi la tête mais aussi le cœur de vos auditeurs, qui accueilleront alors votre message avec attention, empathie et bienveillance. C'est la clé de la réussite.

S'inclure et conclure

Alors qu'un discours a lieu dans une disposition géographique classique avec une scène ou une estrade face à un public, vous êtes généralement installé parmi vos auditeurs lorsque vous devez improviser. Aidez-vous de cette situation pour séduire plus et convaincre mieux ; faites bloc avec ceux qui vous écoutent en employant le « nous » plutôt que le « vous ».

Si c'est pour annoncer une bonne nouvelle (comme le lancement d'un nouveau projet prometteur), vous inclure dans le groupe suscitera plus d'enthousiasme de la part de vos collaborateurs. Si c'est pour annoncer une mauvaise nouvelle (comme de mauvais résultats financiers), vous inclure dans le groupe aidera à faire passer la pilule puisque vous supporterez aussi votre part de malheur.

Enfin, une fois votre message délivré, il faudra penser à conclure. Ne perdez jamais de vue votre destination, cela vous aidera à l'atteindre et vous éviterez ainsi de vous perdre dans les méandres de vos idées ou de vos digressions. Si vous savez déjà où vous voulez en venir avant de prendre la parole, alors tracez votre chemin vers le point de sortie, c'est encore le meilleur moyen de procéder.

En revanche, si vous n'arrivez pas à avancer dans votre propos et encore moins à conclure, il va falloir utiliser un petit stratagème. Bien connu des comédiens, cette astuce consiste tout simplement à dialoguer avec soi-même ! Cette technique offre deux avantages : d'abord, votre discours devient vivant même si vous ne racontez pas grand-chose, ensuite, vous gagnez du temps pour trouver ce que vous allez dire.

Par exemple, on vous demande d'intervenir sur le thème de l'innovation dans l'entreprise, et vous n'aviez pas du tout prévu de le faire : « Je n'avais pas prévu de prendre la parole aujourd'hui, mais puisque vous m'y invitez si gentiment, je vais en profiter. En profiter pour vous dire quoi ? Eh bien pour vous dire deux choses. Quelles sont ces deux choses ? La première, c'est que l'innovation doit être au cœur de l'entreprise. Pourquoi au cœur de l'entreprise ?

Tout simplement parce que… » Et ainsi de suite. Évidemment, si vous parlez ainsi pendant dix minutes, ça va devenir indigeste, mais pour vous mettre en jambes et gagner quelques secondes le temps de trouver où vous voulez en venir, c'est un habile subterfuge !

Chapitre 8

Se lancer sans préparation

Maintenant que vous maîtrisez les principes de base et les techniques d'improvisation, il va falloir vous jeter dans le bain. En effet, vous serez parfois pris au dépourvu et parfois prêt à prendre la parole, mais en tout cas, la clé du succès réside avant tout dans l'entraînement. Considérez que parler en public est un sport et que c'est en le pratiquant souvent qu'on s'améliore !

Si vous êtes pris au dépourvu

Si on vous donne la parole alors que vous ne vous y attendiez pas et que vous n'avez pas l'habitude de parler en public, il va falloir prendre votre courage à deux mains et assurer au moins le service minimum pour limiter la casse et vous en sortir avec les honneurs.

Reprenez les règles mentionnées ci-dessus : gardez votre calme, prenez le temps de respirer et forcez-vous à sourire. Puis dialoguez avec vous-même le temps de trouver ce que vous allez dire. Vous pouvez même jouer du fait que vous n'êtes pas prêt : « Si j'avais su qu'on m'inviterait à parler devant vous aujourd'hui, j'aurais préparé un petit discours, mais ce n'est pas malheureusement pas le cas. Néanmoins, je suis ravi que vous me donniez ainsi la parole ; vous savez pourquoi ? Eh bien parce que… »

Si vous ne savez vraiment pas quoi dire, appuyez-vous sur tout ce qui vous entoure et sur le contexte général de votre intervention. N'oubliez pas cette idée (un peu abusive mais qui garde un fond de vérité) : « Parlez-moi de moi, il n'y a que ça qui m'intéresse… » Donc regardez autour de vous et parlez-en à votre auditoire :

- le public : qui est là et quelle est la fonction de chacun ;
- le cadre : l'endroit où vous vous trouvez ;
- le motif : la raison de la réunion et le sujet abordé ;
- les orateurs : qui a déjà parlé et qui va encore parler ;
- les idées fédératrices : ce qui a déjà été dit et que vous cautionnez ;
- les controverses : les points que vous contestez…

Si avec ça vous ne trouvez rien à dire, ça va devenir compliqué ! Faites un effort : il y a forcément quelque chose dont vous pouvez parler, que ce soit pour abonder ou pour commenter. Et de toute façon, il va falloir vous forcer : rien ne serait pire que de rester bêtement silencieux au moment où tout le monde est suspendu à vos lèvres.

Si vous êtes prêt à parler

Si on vous donne la parole et que vous aviez prévu le coup ou que vous avez effectivement quelque chose à dire, les choses seront (beaucoup) plus simples. Néanmoins, ne partez pas en terrain conquis et ne transformez pas votre discours improvisé en fastidieux exposé. Choisissez un angle d'attaque et tenez-vous-y.

Pourquoi un seul angle d'attaque ? Pour ne pas endormir l'assistance, tout simplement. Si vous commencez à multiplier les points de vue et les nuances, vous allez devenir assommant car vous allez manquer de souffle. Et en l'absence de notes pour vous guider, vous risquez de vous perdre en chemin…

Et tant que vous y êtes, évitez de répéter ce qui a déjà été dit, surtout si ça l'a été plusieurs fois. Citez l'idée que vous soutenez ou commentez et passez à la suite de votre intervention, le public vous en saura gré. Car si vous n'avez rien d'autre à dire que ce qui a été dit, il va falloir faire un effort d'originalité. Votre discours doit présenter au moins une nouvelle idée, une nouvelle information ou une nouvelle (ébauche de) solution.

Dans l'idéal, utilisez le jargon de vos auditeurs. N'en rajoutez pas si vous ne le maîtrisez pas complètement, mais avoir recours au vocabulaire propre d'une entreprise ou d'une branche professionnelle aidera à faire passer votre message et jouera pour beaucoup dans le phénomène d'inclusion (au même titre que l'emploi du « nous » plutôt que du « vous »). Bien sûr, si le public est hétérogène, restez simple et évitez d'employer des barbarismes linguistiques : l'important est toujours d'être écouté et compris par le plus grand nombre.

Enfin, comme pour les autres discours, essayez d'adopter la gestuelle adéquate, maîtrisez le silence et ses conséquences et restez interactif et communicatif en dialoguant avec votre auditoire. Vous ne savez plus comment on fait ? Retour au chapitre 5 !

S'entraîner en toute occasion

Vous l'aurez compris, que vous vous y attendiez ou non, le mieux est encore d'avoir l'habitude d'improviser. Et pour cela, il n'y a pas cinq cents options ; il faut s'entraîner ! Les occasions ne manquent pas : pendant un dîner de famille, au restaurant avec des amis, dans une réunion interne de votre entreprise, lors de l'assemblée générale de votre association... C'est à vous de voir.

Même si vous ne faites que poser une question, répondre à une interrogation ou apporter une précision, le simple fait de prendre l'habitude de parler en public à l'improviste est une bonne chose. En plus, si l'enjeu est faible, vous serez moins stressé, donc vous pourrez vous concentrer sur votre posture, votre voix, votre accroche... En progressant pas à pas sur de menus détails et en évaluant chacune de vos prestations a posteriori, vous ferez des progrès palpables et surtout, vous gagnerez en confiance et en aisance.

Si votre premier essai est un échec et que vous balbutiez au lieu de dire clairement ce que vous souhaitez, pas de panique ! Lorsqu'on débute, c'est normal d'être débutant ; ne vous attendez pas à faire des étincelles dès votre première tentative. À chaque fois que vous échouez, vous pouvez apprendre de vos erreurs, et vous faites un pas de plus dans la bonne direction. Il vous suffit d'identifier le problème, de le corriger et de retenter l'expérience à la prochaine occasion !

Pour votre baptême du feu, je vous suggère d'éviter les assemblées de cent personnes, surtout si votre image (ou pire : celle de vos enfants) risque d'en être affectée d'une façon ou d'une autre. Le plus simple, c'est de profiter d'un dîner en famille ou entre amis pour vous lever et dire quelques mots sur la personne qui organise la réception (ou sur l'événement qui vous réunit). Remerciez votre hôte, félicitez la personne qui a cuisiné, saluez la personne à l'honneur ce jour-là. Un discours de ce type n'a rien de compliqué, surtout devant des proches, mais c'est une bonne mise en jambes pour prendre l'habitude de parler en affrontant plusieurs paires d'yeux braquées sur vous.

Car c'est un secret de polichinelle : le point commun des orateurs de talent n'est ni plus ni moins que l'habitude. Comme je l'écrivais dans l'introduction de ce livre, parler en public, c'est comme écrire une lettre, découper un poulet ou faire ses lacets ; plus vous le faites souvent, plus c'est facile à faire. Improviser ne s'improvise pas, et vous ne serez jamais pris au dépourvu si vous avez dans votre besace une bonne histoire à raconter, quelques tournures de phrases amusantes et des exemples imagés pour illustrer votre propos. Mais pour remplir votre petit sac à malices d'ustensiles de ce genre, il faut vous entraîner à chaque occasion. Au boulot !

Comment élaborer un plan en quelques instants

Si vous n'avez que quelques dizaines de secondes pour préparer votre intervention, vous allez avoir du mal à trouver une bonne question en guise d'accroche, une bonne histoire en guise d'introduction et plusieurs arguments en guise de développement. Donc, faites simple.

Pour saisir l'attention d'un auditoire au débotté, le plus efficace est de délivrer son message dès les premières phrases, qu'il soit positif ou négatif. Ainsi, si les gens décrochent ensuite, ils auront au moins entendu l'essentiel de ce que vous avez à dire. Donc partez d'un fait constaté (« Le secteur de l'édition en France se porte mal puisque le revenu net des éditeurs de livres enregistre une baisse de 1,2 % entre 2010 et 2011... ») puis enchaînez avec votre message (« ... mais je ne partage pas l'opinion selon laquelle les éditeurs vont disparaître... ») et délivrez votre principal argument (« ... puisque l'édition numérique dénote une hausse de plus de 7,2 % sur la même année »). Cela peut paraître un peu brutal, mais admettez que c'est efficace.

En ce qui concerne le développement, soyez le plus concret possible. Expliquez les conséquences de ce que vous venez de dire (« L'urgence est donc de réformer le modèle économique de l'édition. ») et donnez des exemples pour illustrer clairement la situation (« Tel éditeur a par exemple fait le choix de ne plus être distribué en librairie, en préférant la vente directe auprès des écoles d'enseignement supérieur, et son bénéfice a augmenté de 27 % en dix-huit mois »).

Enfin, pour conclure en beauté, essayez de proposer une solution au problème posé (« Il faut donc réinventer le circuit de distribution du livre… ») et invitez à l'action (« …et je vous invite à venir en discuter lors de notre journée d'étude du mois prochain »).

Chapitre 9

Adapter son discours en temps réel

Le propre de l'improvisation, c'est que rien n'est préparé, donc tout peut être adapté. Mais ne vous laissez pas guider par vos envies et vos humeurs, c'est en procédant avec méthode que vous obtiendrez les meilleurs résultats. Retenez bien que l'improvisation ne s'improvise pas et que c'est en étant le plus prévoyant que vous serez le plus efficace. En observant votre auditoire pour ajuster votre discours et en ralentissant votre débit pour prendre le temps de réfléchir, vous mettrez toutes les chances de votre côté pour recueillir quelques applaudissements au moment de vous rasseoir.

Improviser, c'est prévoir

Au cas où vous n'auriez pas lu le reste de ce livre pour arriver immédiatement ici, je vous le répète : improviser ne s'improvise pas. Vous devez tout prévoir avant, vous vous sentirez beaucoup mieux après.

Première chose à prévoir ?

Qu'on va vous demander de parler, peut-être ! Le cas échéant, faites le point sur le contexte de cette réunion : quel est le thème, quel est l'enjeu, quel est le lieu, qui compose l'auditoire, quelles sont ses préoccupations... Cela vous permettra d'avoir une première vision de ce que vous pouvez dire (et de ce qu'il vaut mieux taire). Ajoutez à cela le statut que vous avez vis-à-vis de l'auditoire : un membre, un témoin, un expert, un théoricien, un commentateur, un praticien... Vous serez ainsi au clair avec ce qu'on attend de votre prise de parole.

Deuxième chose à prévoir ?

Ce que vous allez dire, sans doute ! Pour cela, vous devez reprendre les critères précédents et y ajouter vos idées... Rappelez-vous que toute vérité n'est pas bonne à dire ; porter la contradiction pour le simple plaisir de nager à contre-courant n'est pas forcément une attitude productive. Si vous n'êtes pas d'accord avec ce qui a été dit précédemment, vous avez tout à fait le droit de le mentionner, mais veillez à argumenter intelligemment et à proposer une solution alternative si vous ne voulez pas passer pour un polémiste sans intérêt.

Troisième chose à prévoir ?

La réaction de l'auditoire, ne l'oubliez pas ! Ce n'est pas parce que vous avez fini de parler que tout s'arrête. Que vous ayez approuvé ou reprouvé le courant dominant des autres intervenants, il est tout à fait possible qu'on vous interpelle ou qu'on vous interroge. Restez donc vigilant et n'imaginez pas que vous allez savourer le repos du guerrier aussitôt que vous aurez la bouche fermée. Préparez-vous à toute question éventuelle et imaginez la réponse que vous pourriez y donner, cela vous évitera de vous retrouver subitement muet alors que vous étiez éloquent quelques minutes auparavant.

Observer, ajuster, dialoguer

Même si cela semble contradictoire, pour bien parler, il faut bien écouter. Car si vous êtes à l'écoute de votre auditoire, vous pourrez prévoir ses réactions et vous y adapter. Observez ceux qui vous écoutent et prenez en compte leurs réactions. Tant que tout le monde sourit, tout va bien. Mais si vous détectez des froncements de sourcils, des bâillements ou des mouvements synonymes d'agacement ou d'ennui, efforcez-vous de rectifier le tir au plus vite.

Par exemple, si une formule un peu rude provoque soudain des regards sombres, alors adoucissez-la en l'expliquant et en la nuançant. Si l'exemple que vous citez provoque des haussements d'épaules, trouvez-en un plus significatif. Et si votre métaphore provoque des soupirs, alors reconnaissez qu'elle n'a rien d'original : « Je sais que c'est un cliché, mais il est plutôt justifié, et je vais vous expliquer pourquoi... »

Si vous vous apercevez que vous endormez tout le monde, tâchez de faire réagir l'auditoire. Pour cela, faites comme pour saisir l'attention du public au début d'un discours : posez une question. Cela peut être une question qui appelle un « oui » ou un « non » (« Avez-vous déjà essayé de garder les yeux ouverts en éternuant ? »), une demande d'une expression à main levée (« Qui pense qu'il peut toucher son coude avec sa langue ? ») ou une interrogation sur ce dont vous êtes en train de parler (« Quelqu'un peut-il me dire quel est le budget annuel de la Banque mondiale ? »).

Si vous n'êtes pas tout à fait sûr de la sympathie de l'assistance à votre encontre, posez une question rhétorique sans attendre de réponse (« Tout le monde a déjà mangé dans un fast-food, mais qui connaît les risques sanitaires d'une surconsommation d'acides gras hydrogénés ? Eh bien je vais vous les expliquer... »). Cet ersatz de dialogue pourra relancer l'attention de votre public pour quelques instants, mais si cela ne fonctionne pas, un conseil : foncez droit vers la conclusion !

Ralentir, réfléchir, ne pas tout dire

Au même titre qu'il faut prendre son temps lorsqu'on vous invite à improviser, n'hésitez pas à ralentir pendant que vous êtes en train de parler. Cela vous permettra de mieux respirer et de mieux vous adapter, en trouvant une nouvelle idée ou une meilleure façon d'argumenter. Cela vous permettra aussi de changer de direction ou d'insister plus facilement sur un point en particulier, en fonction des réactions du public.

Ralentir votre débit vous permet de mieux réfléchir. Faut-il privilégier tel ou tel type d'argument ? Vaut-il mieux utiliser tel ou tel exemple ? Cette citation est-elle appropriée ? Puisque l'auditoire a bien réagi à cette remarque, pourquoi ne pas revenir dessus ? Au même titre que marquer des pauses ou des silences, ralentir vous permet d'être plus efficace en étant plus concentré... et surtout plus audible. À moins de parler vraiment trop lentement, vos auditeurs seront ravis de ne pas avoir à courir derrière vous pour saisir l'essence de vos propos. Donc ralentissez, ça vous évitera d'avoir à les attendre au prochain feu rouge !

Enfin, dernière astuce pour réagir avec vivacité : ne dites pas tout ! Conservez dans votre tête deux, trois idées ou deux, trois sujets qui vous serviront si on vous relance ou si on vous contredit. Ayez toujours une blague de secours ou une anecdote (réelle ou inventée) pouvant servir à introduire à peu près n'importe quel sujet, ou dont vous pouvez modifier la fin pour amorcer n'importe quel argument. Ce n'est pas forcément évident à trouver, mais c'est très utile !

Et si vous n'avez pas peur qu'on vous dise que vous n'avez absolument pas parlé de ce qu'on vous a demandé, n'hésitez pas à mémoriser les grandes lignes d'un discours sur un sujet qui vous tient à cœur, et saisissez toutes les occasions d'en parler en détournant l'objet de la discussion à votre avantage : « Je comprends bien que vous aimeriez que je vous parle de l'influence des normes européennes sur la rentabilité de notre secteur d'activité, mais la vraie question n'est pas là ; il faut plutôt s'interroger sur le développement de nos marchés en Afrique subsaharienne, car c'est là-bas que se trouvent nos futurs clients… »

Mémo : pensez I.M.P.R.O

Moyen mnémotechnique qui vaut ce qu'il vaut, le sigle « I.M.P.R.O » peut vous aider à garder à l'esprit les grandes lignes d'une bonne improvisation.

• *I comme « imperturbable »*

Ne paniquez pas, respirez. Improviser consiste à parler comme vous le faites tous les jours, sauf qu'il y aura plus de gens que d'habitude pour vous écouter. Peu importe que vous ayez le trac si personne ne s'en aperçoit : pensez à sourire et lancez-vous.

• *M pour « méditer »*

Improviser ne consiste pas à dire tout ce qui vous passe par la tête. Réfléchissez à ce que vous dites et à ce que vous allez dire, parlez lentement et ménagez-vous des pauses pour rassembler vos idées, c'est la clé pour rester compréhensible et cohérent.

• *P pour « persuader »*

Vous ne parlez pas pour vous faire plaisir (encore que…) mais pour délivrer un message. Il est donc indispensable de présenter des arguments convaincants et des exemples pour les illustrer. Si vous voyez que ça coince, adaptez-vous et changez votre fusil d'épaule pour faire passer vos idées.

• *R pour « restreindre »*

Une bonne improvisation est une improvisation courte. Il ne s'agit pas d'expédier rapidement deux ou trois phrases avant de vous rasseoir, mais tâchez de ne pas dépasser les cinq minutes. Anticipez sur la suite : choisissez un angle et ne dévoilez pas tout votre jeu du premier coup.

• *O pour « observer »*

Si vous ne savez pas quoi dire, faites le point sur la situation et parlez-en : votre avis sur les propos tenus précédemment, votre joie de vous trouver dans un cadre aussi accueillant, votre fierté d'être accueilli par un auditoire prestigieux… Prenez n'importe quel sujet lié au contexte, et brodez autour.

PARTIE 4

RÉPONDRE

... à un discours, une question ou une attaque

Un discours n'est pas forcément une prise de parole isolée à laquelle on ajoute quelques questions convenues pour faire bonne mesure, avant d'aller boire un verre de jus d'orange ou de reprendre ses activités professionnelles. Il arrive même assez fréquemment que ce ne soit pas le cas, surtout en dehors de l'entreprise.

Dès lors, plusieurs cas de figure peuvent se présenter. Par exemple, vous intervenez lors d'une table ronde sur un sujet lié à votre branche d'activité, et vous ne partagez pas le point de vue des autres intervenants. Ou alors on vous demande une précision sur votre stratégie industrielle lors de la présentation annuelle de votre bilan devant les actionnaires. Ou même, on vous interpelle brutalement alors que vous présentez tranquillement votre nouveau produit lors d'une conférence de presse.

Les possibilités sont infinies, et vous devez vous y préparer. Qu'il s'agisse de répondre à un discours, de répondre à une question ou de faire face à une attaque, il est possible de tirer son épingle du jeu en maîtrisant quelques ficelles… et en gardant son calme, toujours. N'oubliez pas de sourire !

Chapitre 10

Le débat : répondre à un discours

En participant à une table ronde ou à un débat, vous pouvez tout à fait n'être qu'un participant parmi d'autres, expert d'un sujet en particulier et invité à ce titre pour le présenter à l'auditoire, mais vous pouvez aussi être amené à des échanges de points de vue avec les autres intervenants, que ce soit pour abonder dans le même sens ou au contraire pour confronter des opinions divergentes. Dans un cas comme dans l'autre, soyez attentif aux propos de vos interlocuteurs, vous n'en serez que plus efficace pour approuver, nuancer ou contester leurs idées.

Écouter, noter, synthétiser

Si vous devez répondre à un discours, la première chose à faire, c'est encore de l'écouter ! Donc rangez votre smartphone et arrêtez d'envoyer des SMS à vos collègues, cela vous empêcherait d'être attentif à ce que les autres intervenants diront… sans parler de la simple marque de respect qui consiste à écouter la personne assise à côté de soi quand elle est en train de parler.

Sortez votre carnet ou des fiches en bristol, et armez-vous de votre stylo préféré. Notez les grandes idées des intervenants qui vous précèdent, les arguments qui vous séduisent et ceux que vous envisagez de contester, les chiffres utiles à reprendre ou à commenter (... ou à corriger). Soyez bref dans vos annotations, il serait dommage de perdre le fil d'une intervention parce que vous préférez vous regarder écrire qu'écouter ce qui se raconte autour de vous.

Si plusieurs orateurs se succèdent, essayer de changer de page ou de fiche pour chacun d'entre eux (ou faites des gros traits de séparation si vous n'avez qu'une seule feuille sous la main). Il serait malvenu d'attribuer le propos de Pierre à Paul ou l'argument de Paul à Jean, surtout si ces derniers ne sont pas d'accord entre eux ! Sans devenir maniaque, essayez quand même d'être un peu méticuleux dans votre prise de notes : attribuer les bonnes citations aux bonnes personnes sera la preuve que vous les avez toutes écoutées attentivement.

Peu avant de prendre la parole, synthétisez pour vous-même les propos de chacun afin de pouvoir les résumer en quelques phrases. Cela vous évitera aussi de redire mot pour mot ce qui a déjà été dit, il n'y a rien de plus rasant ! À noter que cela fonctionne aussi si vous souhaitez simplement poser une question lorsque vous assistez à une conférence.

Autre cas de figure possible : vous êtes arrivé avec un joli discours tout préparé, et les intervenants qui vous précèdent ont l'indélicatesse de vous piquer vos idées… Soyez beau joueur, vous n'êtes pas dans une cour de récréation. Faites des annotations dans la marge de votre texte en mentionnant qui l'a dit avant vous, cela vous permettra de revenir dessus en une phrase tout en saluant au passage celui qui a l'intelligence de partager votre point de vue !

Dans le même ordre d'idée, si les autres intervenants donnent des éléments qui renforcent votre argumentaire, notez-les dans la marge de votre texte pour appuyer votre propre discours. À l'inverse, s'ils donnent des informations contraires, notez-les aussi pour les restituer brièvement avant de les contester, vous n'en serez que plus efficace dans votre démonstration.

Mémoriser, structurer, illustrer

Une écoute attentive de vos partenaires scéniques n'aura pas pour seul avantage de vous éviter de répéter ce qu'ils ont déjà dit ; cela vous permettra aussi de le retenir. En effet, la mémoire à court terme (aussi appelée mémoire immédiate) permet de retenir et de réutiliser une quantité limitée d'informations pendant un temps relativement court, c'est-à-dire environ sept éléments (plus ou moins deux) pendant une trentaine de secondes. Mais en jumelant cette mémoire auditive immédiate au fait d'écrire (mémoire kinesthésique) puis de lire (mémoire visuelle), l'information passe en mémoire de travail, ce qui vous permet de la retenir pendant quelques minutes.

Pour quoi faire, me direz-vous ? Eh bien parce que vous aurez l'air bien plus à l'aise en citant un chiffre ou une idée de l'un de vos interlocuteurs si vous pouvez le faire sans avoir à coller le nez sur vos fiches. Retenir quelques éléments sur lesquels vous souhaitez rebondir est plus efficace que de les lire sur un morceau de papier que vous tenez à la main ; votre prestation sera alors plus fluide.

Par ailleurs, en ajoutant des éléments à votre texte initial, veillez à ne pas en faire une liste que vous détaillerez au début ou à la fin de votre intervention. Incluez-les dans votre discours, sans modifier le plan initial. Considérez que ce sont des arguments supplémentaires à utiliser ou des informations contradictoires à réfuter, et non des points à ajouter en guise de préambule ou de conclusion.

Si vous êtes venu les mains dans les poches (quelle mouche vous a piqué ?) ou qu'on ne vous a prévenu qu'au dernier moment qu'il serait souhaitable que vous interveniez pendant une conférence ou une table ronde, l'exercice est un peu plus coriace car vous allez devoir structurer un plan en même temps que vous prenez des notes. À cœur vaillant, rien d'impossible : référez-vous aux techniques de mind-mapping (présentées à la fin de ce chapitre) puis numérotez les arguments que vous souhaitez présenter en commençant par le plus fort et en terminant par le plus dispensable. À défaut d'une bonne histoire à raconter, vous disposerez tout de même d'un développement solide à présenter à votre auditoire.

Enfin, si de nouvelles idées vous viennent ou si vous devez préparer votre intervention tout en écoutant d'autres intervenants, n'oubliez pas de trouver des exemples pour illustrer votre propos ! Souvenez-vous des 4 C : vous devez être clair, court, concret et compréhensible. Trouvez des images parlantes pour donner vie à vos paroles. Par exemple, on sait que le tabac provoque 66 000 morts par an en France ; c'est un gros chiffre, mais ce n'est pas très parlant. Dites plutôt que cela représente 180 morts par jour, soit la totalité des élèves d'un groupe scolaire allant de la petite section au CM2… C'est tout de suite plus causant, non ?

Abonder, commenter, critiquer

Une fois que vous avez identifié les éléments que vous allez reprendre dans votre propre intervention, il vous reste à décider ce que vous allez en faire. Vous disposez globalement de trois options :

- abonder (approuver ou développer) ;
- commenter (expliquer ou nuancer) ;
- critiquer (réfuter ou contester).

Dans le premier cas, rien de plus simple ! Reprenez l'idée (en citant celui qui a eu la courtoisie d'être d'accord avec vous) et soutenez-la. Vous pouvez vous contenter de mentionner votre convergence de point de vue (« je suis tout à fait d'accord avec cela et je tiens à vous apporter mon soutien ») ou appuyer l'affirmation en donnant des éléments d'informations supplémentaires (« je suis tout à fait d'accord avec cela et je tiens d'ailleurs à préciser que… »). L'exercice est simple, donc profitez-en. Seul écueil à éviter : ne faites pas de la paraphrase simplement pour avoir quelque chose à dire ; raccourcissez votre intervention si besoin, et tout le monde sera content.

Dans le deuxième cas, rien de bien compliqué non plus. Résumez le propos tenu par votre prédécesseur et introduisez votre discours en fonction de votre intention. « Vous avez expliqué que… mais il faut expliquer en quoi cela consiste », ou « vous nous avez indiqué que… mais il faut aussi préciser que… » sont des formules suffisamment explicites pour ne pas laisser d'équivoque quant au fait que vous n'êtes pas un contradicteur, mais pas non plus un partisan aveugle de l'idée en question. Ce type d'attitude est d'ailleurs généralement la mieux accueillie par le public car il témoigne (à tort ou à raison) d'une certaine impartialité sur le sujet évoqué.

Enfin, si vous désirez réfuter une opinion ou contester un fait présenté par un intervenant précédent, faites-le franchement, mais poliment. Expliquez que vous n'êtes pas d'accord, mais contestez l'idée affichée et non la personne qui l'affiche : « je ne conteste pas votre expertise en la matière, mais vous avez dit que… et je ne partage pas du tout ce point de vue » peut par exemple être une formule adéquate avant de présenter votre opinion et les arguments qui vous y ont mené. Quoi qu'il en soit, traitez votre interlocuteur avec respect, votre discours n'en aura que plus de crédibilité.

Organisez vos idées avec le mind-mapping !

Le mind-mapping (ou « schéma de pensée heuristique » selon une traduction controversée) est un schéma calqué sur le fonctionnement cérébral qui permet de suivre le cheminement associatif de la pensée. Cela permet de mettre en lumière les liens qui existent entre un concept ou une idée et les informations qui leur sont associées.

Ce concept a été formalisé par le psychologue anglais Tony Buzan lorsqu'il écrivait une encyclopédie du cerveau et de son utilisation (il utilisait également ce système sans lui donner de nom dans ses cours sur la chaîne BBC). On y trouve des avantages et des inconvénients, mais certains psychologues et linguistes prétendent que seuls quelques mots-clés appelés « mots de rappel » sont nécessaires à la compréhension et la mémorisation d'un texte, d'où l'efficacité du mind-mapping pour prendre des notes et parler en public.

D'un point de vue visuel, une mind-map est en fait un diagramme qui représente l'organisation des liens sémantiques entre différentes idées, ou des liens hiérarchiques entre différents concepts.

Pour créer votre propre mind-map, procédez ainsi : prenez une feuille blanche que vous disposerez horizontalement devant vous (pensez au « format paysage » sur ordinateur) et inscrivez au centre de cette feuille le thème ou le sujet sur lequel vous devez intervenir. Si les images vous parlent plus que les mots, n'hésitez pas à faire un dessin.

Entourez ce mot ou ce dessin et faites partir plusieurs branches dans toutes les directions. Au bout de chaque branche, inscrivez un mot-clé (ou faites un autre dessin) lié au thème abordé, puis faites partir deux, trois branches de ce mot-clé et notez une idée, une remarque ou une question.

Si vous avez des crayons de plusieurs couleurs sous la main, ne dessinez pas des branches voisines avec la même couleur (donc deux couleurs suffisent), cela facilitera la relecture de votre mind-map.

Dans le cas d'une prise de notes pendant un discours auquel vous devrez répondre, le principe est le même : notez le thème général au centre de votre feuille puis faites une branche pour chaque idée présentée par l'orateur. De chacune de ces branches, faites partir d'autres branches, avec les idées émises d'un côté et les idées que vous souhaitez présenter de l'autre (en utilisant deux couleurs différentes, par exemple).

Si vous ne disposez que d'un seul crayon, donc d'une seule couleur, soyez créatif : faites des cercles autour des idées de celui qui parle et faites des rectangles autour des idées que vous allez présenter. Vous verrez : retrouver les codes de son enfance, ça fait parfois du bien !

Chapitre 11

L'exposé : répondre à une question

Que ce soit à la fin d'un discours ou pendant celui-ci, il est assez fréquent d'avoir à répondre à des questions du public, aussi restreint soit-il. Parfois, certains vous interrogeront pour vous piéger, donc il faudra vous en méfier, mais la plupart du temps, il s'agira seulement de bien écouter votre interlocuteur afin d'identifier sa demande et d'y donner une réponse claire et percutante.

Reformuler, commenter, esquiver

Même si la question vous semble claire et que vous n'avez aucun problème pour fournir la réponse, vous avez tout à gagner à répéter ou reformuler la question que l'on vient de vous poser. D'un point de vue pratique, cela permettra de la faire connaître à l'ensemble du public si la personne qui vous interroge n'a pas parlé assez fort, et cela sera aussi l'occasion de vérifier que vous avez bien entendu votre interlocuteur (« la question qui est posée est donc de savoir si... »).

D'un point de vue tactique, reformuler une question sert à vérifier que vous avez bien saisi les points clés de cette dernière et qu'il n'y avait pas de sous-entendu qui vous aurait échappé, ce qui vous permet d'éviter de donner une réponse incomplète ou de faire un contresens (« ce que vous me demandez, c'est si oui ou non nous allons supprimer des emplois ? »). Enfin, plus simplement, répéter une question ou la reformuler est un bon moyen de gagner du temps pour réfléchir tranquillement à la formulation de votre réponse.

Comme lorsque vous devez improviser un discours, prenez votre temps, n'ayez pas peur du silence. C'est en se précipitant que l'on commet généralement des erreurs, soit parce qu'on a rebondi sur un mot qui n'était en fait qu'un détail de la question, soit parce qu'on n'a pas saisi un sous-entendu et qu'on passe alors un peu pour un idiot. De plus, prendre le temps de réfléchir quelques secondes vous permettra de donner un meilleur angle à votre réponse ; plutôt que de répondre en délivrant une information brute de quelques mots, vous aurez le temps d'envisager une réponse plus construite et mieux formulée.

Il existe une autre possibilité quand on vous interroge : que vous ne sachiez absolument pas quoi répondre. Cela peut être de votre faute parce que vous n'avez pas pensé à une discussion sur ce thème, mais cela peut aussi être que le fond ou la forme de la question vous laisse quelque peu perplexe et que vous avez l'impression qu'on vous pose une charade plutôt qu'une demande de précision. Eh bien justement, procédez comme avec une charade !

Répétez la question et commencez à réfléchir à haute voix en cherchant des associations d'idées qui tournent autour des mots employés par votre interlocuteur. Cela vous permet de changer d'angle de vue sans avoir l'air de n'avoir rien compris à la question ou de ne pas savoir quoi dire. En examinant ainsi le champ sémantique de l'interrogation qui vous pose problème, vous devriez trouver une façon de répondre : « Je vous remercie d'évoquer cette question, qui touche à la fois le thème du [mot X] et du [mot Y], c'est-à-dire de [synonyme de X] et de [corrélation de Y], donc plus généralement de [association d'idées entre X et Y]... »

Dernier cas de figure quand on vous interpelle : la situation problématique dans laquelle vous ne pouvez pas répondre ou vous n'avez pas envie de répondre. Soit la réponse vous est parfaitement inconnue mais vous n'êtes pas en position de l'avouer (parce que vous devriez le savoir ou parce que cela mettrait en doute votre crédibilité), soit la question vous gêne parce que le sujet est embarrassant ou trop personnel pour vous. Dans le second cas, vous pouvez tout simplement préciser que vous trouvez l'interrogation inconvenante, mais cela risque de vexer celui qui l'a posée.

La meilleure option est donc de recadrer la question, comme le font très souvent les hommes politiques lorsqu'on leur présente des questions relatives à des sujets sur lesquels ils sont en difficulté. Il s'agit tout simplement de résumer le thème abordé pour embrayer sur un thème connexe, si possible le versant positif de celui-ci, comme dans le très classique : « Vous me parlez de chômage, mais moi, je vais vous parler d'emploi ! »

Appliquée au monde économique, cette méthode peut donner des formules comme « vous me demandez quelle est l'étendue de ma richesse, mais laissez-moi vous parler des richesses que je crée », ou « vous m'interrogez sur la possibilité d'augmenter les salaires, mais posez-vous la question de l'augmentation des charges patronales ».

Enfin, il existe une option de secours, un peu plus agressive : vous répondez à la question par une autre question. Vous pouvez le faire en employant la tactique du miroir qui consiste à renvoyer la question à tout le monde (« cette question est au cœur de notre débat, qui souhaite y répondre ? »), la tactique du relais qui consiste à renvoyer la question à une personne en particulier (« je comprends votre intérêt pour cette question ; mademoiselle Bidule, pouvez-vous éclairer M. Machin sur ce sujet ? ») ou la tactique de l'écho qui consiste à renvoyer la question… à celui qui la pose (« et vous, qu'en pensez-vous ? »).

Situer, cibler, proposer

Lorsqu'on vous pose une question simple, la tentation est d'y répondre en quelques mots, afin d'avoir l'air assuré de sa réponse et de sa maîtrise du sujet. Cela peut convenir dans certaines situations (« pouvez-vous nous préciser la date du début des travaux ? ») mais le plus souvent, développer un peu son propos avec un plan construit est bien plus efficace pour apporter une réponse satisfaisante (« pouvez-vous nous préciser les raisons de la date du début des travaux ? »). Pour cela, vous pouvez adopter une méthode qui tient en trois mots : situer, cibler, proposer.

Après avoir reformulé la question et vous être assuré de l'avoir bien comprise, commencez par présenter le contexte : quels sont les faits, qui est impliqué, quel est le problème à résoudre. Une fois que tout est bien clair, énoncez l'objectif à atteindre (c'est-à-dire la résolution du problème évoqué). Mais faites attention à ce point en particulier : si tout le monde s'accorde sur le problème, tout le monde n'envisage pas forcément le même objectif (c'est souvent le cas en matière de transports, d'urbanisme ou d'organisation du temps de travail). Donc soyez prudent et n'hésitez pas à présenter les souhaits des uns et les désirs des autres.

Enfin, proposez une solution qui permette de résoudre le problème posé et d'atteindre l'objectif souhaité. Si les volontés divergent sur le but à atteindre, proposez un juste milieu ou indiquez votre préférence (et assumez-la) puis dégagez deux ou trois grandes lignes qui permettent d'aller dans cette direction. Avec un plan de ce type et une conclusion tournée vers l'avenir, vous montrerez que vous maîtrisez le sujet et que vous avez une vision pour demain. C'est la marque des leaders.

Dernière remarque : si le triptyque « situer, cibler, proposer » est efficace dans la plupart des cas, il existe aussi des situations où l'employer serait franchement superflu. Ainsi, certaines questions sont simplement des demandes de précisions ou d'informations complémentaires et ne soulèvent en aucun cas de problème à résoudre ou de difficulté à surmonter. Le cas échéant, contentez-vous de présenter les informations demandées de la façon la plus claire possible, en donnant des exemples pour rendre concrets les chiffres et les concepts que vous maniez. Cerise sur le gâteau : vous pouvez aussi raconter une histoire afin de rendre votre réponse plus attrayante…

Les cinq questions dont il faut se méfier

En écoutant une question jusqu'au bout, on limite le risque de répondre à côté ou de faire un contresens. Pour autant, cinq types d'interrogations restent compliqués à gérer si on ne s'y est pas préparé :

- la question creuse ;
- la question indiscrète ;
- la question imprévue ;
- la question agressive ;
- la question confuse.

Dans tous les cas, que vous vous sentiez agressé ou pris au dépourvu, gardez votre calme et ne prenez pas votre interlocuteur de haut. Être méprisant donnerait une mauvaise image de vous et vous pénaliserait d'entrée de jeu, rendant ainsi votre réponse plus ou moins sujette à controverse.

La première chose à faire, je vous le donne en mille, c'est de reformuler une question qui vous gêne, voire de demander à celui qui la pose de la reformuler lui-même. En cas de difficulté sémantique, demandez des précisions sur les termes problématiques et brodez autour de ces termes, ou faites de l'humour.

Ainsi, en cas de question creuse, qui appelle généralement une réponse floue (« où trouvez-vous vos clients ? »), vous pourrez donner l'impression que vous dites quelque chose d'intelligent (« ce qui est important dans votre question, c'est le mot "clients", et les clients sont évidemment notre principale priorité, car… »). Idem pour une question confuse ou dépourvue de sens (« concernant la fragilité présente, ne serait-il pas utile d'examiner la totalité des alternatives réalisables ? »), utiliser les termes employés par l'interrogateur permet d'offrir une réponse plus ou moins construite (« puisque vous me posez la question, examinons ensemble les alternatives envisageables… »).

Enfin, n'oubliez pas que, quoi qu'il arrive, vous êtes le maître de votre parole : personne ne peut vous obliger à dire ce que vous n'avez pas envie de dire. Donc lorsque le cas se présente, ne vous laissez pas faire : esquivez la question qu'on vous pose ou dites clairement que vous n'y répondrez pas. Si possible, faites-le avec humour (« je suis certain que vous êtes très soucieux de la gestion de mon patrimoine, mais vous m'accorderez que le contenu de mon compte en banque ne regarde que moi… »), sinon avec fermeté (« votre question a le mérite de la franchise, mais je ne partage pas votre point de vue et je serais ravi d'en discuter avec vous à la fin de cette réunion »).

Et si vous êtes à l'aise, vous savez quoi faire : situez, ciblez, proposez !

Les sept mercenaires de la perturbation

Dans son livre sur l'art de savoir répondre du tac au tac, Cyril Gely identifie « les sept mercenaires » de la perturbation et des questions gênantes, qu'il faut apprendre à gérer sous peine de grosses difficultés. En voici un bref aperçu.

• *M. Je-sais-tout*

Vous ne savez pas qui c'est, mais ce charmant personnage se lève soudain pour expliquer à l'assemblée qu'il en sait plus que vous sur ce que vous dites. Plutôt que de croiser le fer, remerciez-le pour son intervention et abondez en son sens (« je suis tout à fait d'accord avec vous sur ce point… »). S'il devient gênant, prenez à partie le public (« quelqu'un est-il du même avis ? »).

• *Le saboteur*

Le saboteur est celui qui n'est jamais content : mauvaise installation, mauvais éclairage, mauvais orateur… Il y a toujours quelque chose qui ne va pas. N'engagez pas en public un dialogue stérile avec ce type de personnes, ce serait peine perdue. Proposez-lui plutôt un échange en tête à tête à l'issue de votre discours, voire suspendez la séance pour vous expliquer avec lui.

• *Le manipulateur*

Son but n'est pas forcément de vous nuire, mais le manipulateur cherchera à entraîner le public derrière ses idées plutôt que derrière les vôtres. Pour cela, il peut parfois vous poser des questions très déconcertantes. Dans ce cas, demandez-lui tout simplement s'il y a un rapport entre ses questions et ce que vous êtes en train de dire.

• *Le bavard*

Certaines personnes sont ainsi faites qu'il faut qu'elles attirent l'attention, quitte à vous déranger toutes les cinq minutes. Si cela consiste à parler avec ses voisins, exigez le silence. Si cela consiste à vous interrompre sans cesse pour vous poser des questions, rappelez que votre intervention doit s'achever à une heure précise et invitez-le à venir discuter en privé avec vous à l'issue de votre discours.

• *Simplet*

Simplet n'est pas méchant, mais il peut devenir vite agaçant : il revient sur un sujet déjà abordé, il demande le détail d'un chiffre insignifiant, il veut une précision supplémentaire... Ne le méprisez pas, Simplet sert votre cause : il vous permet de redire ce que vous avez déjà dit, permettant à votre message d'être entendu une seconde fois par le reste de l'auditoire. Soyez gentil et patient !

• *Le comique*

L'amuseur de service ne peut s'en empêcher, il faut qu'il essaye de faire rire ses camarades avec une question en forme de blague ou de mot d'esprit (parfois drôle, parfois moins). Plutôt que d'être sur la défensive, riez avec lui, cela détendra l'atmosphère. En revanche, s'il a du mal à s'arrêter, rappelez-lui que le sujet dont vous parlez demande un minimum de sérieux... ou désarçonnez-le en jouant sur l'humour pour le prendre à son propre jeu !

• *M. Tout-le-monde*

M. Tout-le-monde n'est pas votre ennemi : il vous interrompt pour vous poser une question parce que ce n'est pas un expert du sujet mais qu'il met de la bonne volonté à comprendre. Profitez-en pour faire avancer le débat en lui offrant une réponse claire et précise et demandez si vous avez été suffisamment explicite avant de passer à la suite.

Chapitre 12

La repartie : répondre à une attaque

Il va falloir vous faire une raison : vous ne pouvez pas plaire à tout le monde ! La conséquence logique, c'est que vous devrez parfois subir des attaques pendant ou à l'issue de vos interventions publiques. Elles peuvent être fondées comme ne pas l'être, elles peuvent porter sur votre personne comme sur votre propos, elles peuvent être prévisibles comme sortir de nulle part. Dans tous les cas, il va falloir faire face et répondre du tac au tac sans vous départir de votre bonne humeur... Mode d'emploi.

Du tac au tac : rapidité et fluidité

L'objectif étant de remettre votre détracteur à sa place (sans autre message à transmettre en particulier), soyez au taquet : pour répondre du tac au tac, il faut être vif et rapide. Vous n'avez pas plus d'une seconde ou deux pour riposter, si possible sur le même ton. Passé ce délai, votre repartie aura moins de valeur. Seule exception : si l'attaque provoque des réactions dans le public, qu'elles soient positives ou négatives. Le cas échéant, attendez le retour à un silence relatif (c'est difficile de répondre sous les huées comme sous les applaudissements) et répliquez avec énergie.

Il est possible que vous ressentiez un blocage par manque de confiance en vous ou par peur de l'échec, mais réveillez-vous : vous venez de prendre un crachat en pleine face, serait-ce incarner votre fonction que de baisser les yeux et demander l'amnistie ? Au contraire, conservez votre sang-froid, prenez une respiration profonde et osez défier votre détracteur.

L'important pour être efficace, c'est de mettre vos émotions de côté. Ne prenez pas le temps de vous demander ce que vont penser les gens, de savoir si l'attaque est fondée ou si vous risquez de vous faire remonter les bretelles par votre hiérarchie. Ne vous emportez pas, la colère est mauvaise conseillère et l'arrogance vous rendrait détestable. C'est d'ailleurs souvent là que réside le piège. Ne vous laissez pas emporter par l'agressivité ou l'irascibilité de votre agresseur. Ce n'est pas parce qu'il vous hurle dessus ou qu'il vous insulte que vous devez faire la même chose. Restez calme et courtois en toute situation, cela facilitera votre réponse et évitera que la situation dégénère ou que vos propos dépassent votre parole (car il est difficile de revenir dessus ensuite...).

Autant que faire se peut, répondez sur le ton de la conversation, c'est-à-dire de façon fluide, sans rester bouche bée plusieurs secondes et sans rentrer dans le lard de votre interlocuteur. En agissant ainsi, vous donnez un symbole fort : cette attaque ne vous touche pas et vous restez maître de la situation. N'est-ce pas à ce type de détail que l'on reconnaît un leader ?

Écouter, respirer, répliquer

En cas d'attaque verbale manifeste, prenez le temps d'écouter votre attaquant. Retenez les mots employés, remarquez le registre employé, trouvez le sens caché derrière ses propos. Avec ces éléments bien en tête, vous pourrez reprendre un élément de la phrase de votre détracteur et y ajouter un élément de provocation, ou bien sur le contexte et la tournure de sa phrase. En effet, une bonne repartie se base généralement sur l'agression initiale et rebondit dessus en y ajoutant un élément mordant ou un côté acide (les exemples de répliques célèbres dans le prochain encadré illustrent parfaitement cette idée).

Une fois que votre interlocuteur a fini sa phrase, prenez le temps de respirer et de sourire, cela vous permettra de prendre du recul et donnera pour signe que vous n'êtes en rien affecté par cette attaque. Comme pour toute prise de parole, ne vous précipitez pas : vous devez répondre vite mais il ne faut pas confondre empressement et précipitation. Personne ne vous en voudra si vous mettez deux secondes à répondre tant que vous affichez un sourire impassible et un visage serein en respirant calmement.

Une fois que vous vous sentez prêt, ne vous faites pas prier : ripostez ! Articulez distinctement pendant que vous répondez, afin que chacun puisse saisir chaque mot de votre phrase et que le débat soit clos. N'hésitez pas maintenir votre sourire et à lancer votre réplique avec une voix enjouée (sauf si vous étiez en train d'annoncer une mauvaise nouvelle) ; si vous faites preuve de finesse et de mordant, vous vous assurez la sympathie du public et le pouvoir du dernier mot.

Je ne vous le cache pas : les premières fois, vous pourriez vous sentir désarçonné et avoir à vous faire violence pour trouver la réponse adéquate, puis vous vous sentirez soulagé dès que vous aurez répliqué. Mais vous progresserez rapidement et votre confiance en vous ne fera alors que s'accroître, ce qui vous permettra d'être plus à l'aise à l'avenir dans les situations similaires. Allez savoir, peut-être vous forgerez-vous une réputation de dur à cuire qu'il vaut mieux ne pas provoquer en public, c'est encore le meilleur moyen d'éviter de se faire interrompre...

Se préparer, inventer, oser

Ne vous leurrez pas : les grands orateurs n'ont pas forcément un talent inné pour la repartie. Certaines formules et certaines réactions ne doivent rien à l'improvisation. Souvenez-vous de Jacques Chirac, alors président de la République, qui essuie un « connard ! » à la sortie de la messe de Bormes-les-Mimosas. Il répond :

« Enchanté, moi, c'est Jacques Chirac ! »... La classe, non ? Mais sans dénier un grand talent à l'homme politique corrézien, on peut imaginer que Jacques Pilhan et Claude Chirac avaient prévu ce type de situation et convenu de la réponse en cas de besoin...

Si Valéry Giscard d'Estaing prétend que sa célèbre formule sur « le monopole du cœur » (en 1974) lui est venue sur l'instant, il est tout aussi légitime de supposer qu'elle avait été soigneusement préparée avec ses conseillers, au même titre que François Mitterrand avait probablement élaboré sa remarque sur « l'homme du passif » (lors du débat télévisé de 1981). À noter d'ailleurs que la formule sur « le monopole du cœur » a été reprise quatorze ans plus tard par François Mitterrand (un comble !) face à Jacques Chirac, lors du débat télévisé de l'élection présidentielle française de 1988. Alors que son challenger venait de reprocher au président sortant la hausse du taux de TVA applicable aux aliments pour animaux, François Mitterrand lui rétorqua, ironique : « Vous n'avez pas le monopole du cœur pour les chiens et les chats, je les aime moi aussi... » Fortiche !

La leçon à retenir de ces exemples ? Préparez-vous ! Ayez toujours en tête deux ou trois répliques toutes faites, que vous pouvez sortir en toutes occasions. Cela peut être un constat sur les attaques gratuites des gens qui critiquent mais n'agissent pas, une citation sur l'art du débat ou plus simplement un mot d'esprit de votre cru sur le thème « je vous remercie de cette question, dont chacun pourra apprécier la douceur et l'objectivité, cela me va droit au cœur. »

Si vous avez besoin d'aide, les recueils de citation et les livres d'histoire sur les grands orateurs peuvent vous servir d'inspiration, tout comme les débats historiques ou actuels. Entre les journaux, la radio, la télévision et Internet, vous devriez quand même trouver quelque chose !

Après cela, il vous restera à puiser en vous la force d'oser. Oubliez vos appréhensions, il ne s'agit finalement que de parler. Vous avez sans doute déjà vécu des joutes oratoires avec vos amis, votre fiancé, vos parents, votre épouse, vos enfants… Considérez que ces échanges parfois musclés sont votre entraînement quotidien. Soyez assuré de votre succès, il est à votre portée.

Quelques répliques célèbres…

Le dramaturge George Bernard Shaw envoya un télégramme à Winston Churchill pour la première d'une de ses pièces : « Je vous ai réservé deux places pour la première. Amenez un ami, si vous en avez un. » Réplique télégraphique de Churchill : « Présence impossible pour la première. Viendrai à la deuxième, s'il y en a une. »

Échange entre William Gladstone et Benjamin Disraeli :
« Vous finirez pendu ou miné par une maladie vénérienne !
– Cela dépendra, cher ami, de qui j'aurai épousé : vos principes, ou votre maîtresse... »

Le prince de Charolais surprend M. de Brissac dans les bras de sa maîtresse et s'exclame :
« Sortez, monsieur !
– Monseigneur, vos ancêtres auraient dit : sortons ! » lui répond de Brissac...

Discussion entre Winston Churchill et Lady Astor :
« Si vous étiez mon mari, j'empoisonnerais votre thé !
– Madame, si j'étais votre mari, je boirais ce thé. »

Échange entre Louis Jouvet (professeur de théâtre) et François Périer (alors jeune comédien) :
« Si Molière voit comment tu interprètes Don Juan, il doit se retourner dans sa tombe...
– Puisque vous l'avez joué avant moi, ça le remettra en place ! »

Discussion entre Winston Churchill et Bessie Braddock :
« Monsieur Churchill, vous êtes ivre !
– Et vous, madame, vous êtes laide. La différence est que moi, demain, je serai sobre. »

Un auteur déçu par l'accueil mitigé que l'on réservait à ses œuvres s'en plaignit un jour à Oscar Wilde, qui n'en avait cure :

« On a sûrement organisé contre moi une conspiration du silence, que puis-je faire ?

– Entrez dans la conspiration ! »

Un jour où Talleyrand fit convoquer un important fournisseur militaire cossu, on lui répondit que ce dernier était parti « prendre les eaux ». Remarque de Talleyrand :

« Il faut donc qu'il prenne toujours quelque chose… »

À la fin d'un dîner, Winston Churchill propose des cigares à ses invités. L'un d'eux en prend cinq et les range dans sa poche en précisant « pour la route ! » avec un sourire narquois. Impassible, le Premier Ministre britannique lui répond : « Merci d'être venu d'aussi loin. »

PARTIE 5

DEVENIR CHARISMATIQUE

une hygiène de vie quotidienne

Devenir un brillant orateur ne suffit pas toujours à vous transformer en leader. Et pour cause : si vous êtes un illustre connard, vous aurez beau être une rock star de la harangue et de l'homélie, il y a peu de chances pour que vos collaborateurs se mettent à vous apprécier du jour en lendemain. Le remède est simple : devenir quelqu'un de bien.

Car devenir charismatique n'est pas seulement le fruit d'un livre de recettes pour vous apprendre à écrire un discours et parler en public. Un leader s'impose naturellement par une attitude quotidienne, en traitant avec bienveillance et respect les personnes qu'il dirige, en transmettant une vision pour l'organisation dans laquelle il travaille et en restant authentique dans les valeurs qu'il porte.

Si vous avez du mal à communiquer avec les autres êtres humains, peut-être que des écoles de pensée comme la programmation neurolinguistique ou la communication non violente seront pour vous des instruments utiles, mais rien ne remplacera jamais la volonté que vous mettrez à vous améliorer. N'ayez pas peur du futur : l'avenir est à construire plutôt qu'à prévoir, et vous pouvez devenir l'artisan de votre propre réussite. Action !

Chapitre 13

Soyez le leader que vous voulez devenir

Pourquoi attendre pour devenir un leader remarquable et remarqué ? N'attendez pas « demain », ne remettez pas « à plus tard », n'imaginez pas démarrer « bientôt ». C'est maintenant que ça commence ! En agissant dès aujourd'hui comme le ferait celui que vous désirez devenir, vous adopterez un nouveau schéma de pensée qui vous mènera vers le succès. Donc ne tardez pas, inaugurez dès à présent les mécanismes qui feront de vous un leader.

Gentillesse et douceur : soyez quelqu'un de bien

Pour une raison ou pour une autre (et quoi que cela puisse vouloir dire par ailleurs...), quand on dit de quelqu'un qu'il est « sympa », on émet un jugement de valeur positif. Mais cela ne suffit pas : votre objectif n'est pas d'être un « mec cool » mais d'incarner un leader qu'on respecte et qu'on a envie de suivre. Pour cela, vous devez créer un cercle vertueux en regardant les autres avec indulgence et bienveillance, en partant du principe qu'ils sont comme vous, des êtres humains faillibles.

Dans votre environnement professionnel, manifestez votre envie de comprendre la fonction et les besoins de chacun de vos collègues. Vous n'avez pas besoin d'être ami avec tout le monde, mais tâchez de créer des relations authentiques avec eux : questionnez-les sur leur parcours et leurs envies, communiquez des sentiments positifs et dites-leur ce que vous appréciez dans leur personnalité ou leur comportement de travail.

Lorsque vous ressentez des sentiments négatifs, ne vous emportez pas. Ne transformez pas la tristesse ou la déception en colère, vous emporter ou vous mettre à crier ne ferait que vous porter préjudice. Formulez vos reproches ou vos critiques mais restez aussi objectif que possible. Développer quotidiennement un processus de communication apaisée vous permettra de réduire les conflits et de vous imposer comme un élément rassurant dans votre équipe. Par ailleurs, vous serez en meilleure santé ! Un de mes mentors m'a dit un jour cette phrase qui m'a beaucoup marqué, alors que je m'emportais contre une personne qui m'avait fait perdre mon temps : « Ne t'énerve pas… Pendant que tu t'énerves, tu te fais du mal à toi, tu ne lui fais pas du mal à lui. »

En cas de litige, soyez toujours celui qui tend la main, pas celui qui écrase, même (et surtout) si vous avez une position dominante ou que vos interlocuteurs ne peuvent rien faire pour vous nuire. C'est la marque des puissants que d'user de douceur et de diplomatie plutôt que de violence et de brutalité. En étant quelqu'un de bien, vous améliorez autant votre réputation que la perception que les autres peuvent avoir de vous. Et c'est en étant accessible que vous aurez accès à toutes les informations dont vous pourriez avoir besoin plus tard...

Bref, soyez quelqu'un de bien. Un proverbe grec dit qu'un sourire coûte moins cher qu'une ampoule mais qu'il apporte plus de lumière, un « merci » ou un mot gentil ne prend que quelques secondes et provoque des minutes de plaisir... Je ne résiste pas à l'envie de conclure cette section par une phrase que ma mère répétait souvent à l'enfant turbulent que j'étais, et qui a fini par porter ses fruits : « Contre la force, il y a la force ; contre la douceur, il n'y a rien. »

Animer et piloter : communiquez une vision

La référence historique vaut ce qu'elle vaut, mais Napoléon Bonaparte avait un avis très imagé en matière de leadership : « On ne conduit le peuple qu'en lui montrant un avenir ; un chef est un marchand d'espérances. » Il faut donc transmettre une vision à vos équipes, pour leur montrer vers quoi vous les menez. Car un leader est un phare, à longue portée si possible.

L'une des missions essentielles d'un bon dirigeant consiste à tracer le chemin vers une destination future, en motivant ses troupes à emprunter ce chemin avec lui. Communiquer votre vision de l'avenir éclaire ainsi la route à parcourir et rassure votre staff. Or des collaborateurs rassurés sont des collaborateurs motivés, et les ressources humaines sont sans doute la principale matière première de votre organisation : comment pourrait-elle tourner sans un être humain pour faire fonctionner la machine ?

La première chose à faire est donc de définir une stratégie, ou d'intégrer pleinement la stratégie de la structure qui vous emploie… puis de la transmettre à votre équipe !

En revanche, soyez bien conscient que, pour transmettre une vision, avoir une connaissance parfaite des objectifs et de la stratégie ne suffit pas, il faut de l'enthousiasme ! Communiquez votre confiance en l'avenir, faites part de votre optimisme, challengez vos collaborateurs, donnez le meilleur de vous-même. C'est en étant un exemple pour eux que vous les encouragez à vous suivre.

La valeur de l'exemple : devenez, soyez, restez authentique !

Vous l'avez lu plusieurs fois dans les chapitres précédents, mais on ne le répétera jamais suffisamment : soyez authentique. Prenez conscience de votre parcours, identifiez vos croyances, déterminez vos valeurs… Le tableau est-il si terrible que cela ?

Il est possible que des relations affectives difficiles pendant votre enfance ou votre adolescence vous aient marqué et que vous ayez aujourd'hui un déficit de confiance en vous, mais regardez où vous en êtes aujourd'hui… Que de chemin parcouru ! N'ayez pas honte de vos racines, de vos douleurs ou de vos phobies : assumez la personne que vous êtes devenue et n'essayez pas de tordre la réalité en imaginant que cela vous donnera une meilleure image. Les gens peuvent vous apprécier pour ce que vous êtes, mais ils ne se laisseront pas berner longtemps par ce que vous prétendriez être. Les nouveaux médias comme les discussions de couloir viennent rapidement à bout des biographies fantasmées… et le retour de bâton est souvent dur à gérer !

C'est la même chose pour vos valeurs. Vous devez les identifier et les assumer, elles vont serviront de socle pour structurer votre pensée et prendre les décisions qui vous feront avancer. La question est simple : qu'est-ce qui importe le plus dans votre vie ? En répondant à cette interrogation, vous mettrez le doigt sur vos valeurs de processus (ce qui vous fait avancer) et vos valeurs de but (les objectifs qui vous motivent). Une fois que vous aurez identifié ces valeurs, vous pourrez définir ce que vous voulez, comment vous le voulez et pourquoi vous le voulez.

Cette prise de conscience vous permettra d'établir des règles de fonctionnement en accord avec vos valeurs, ce qui sera peut-être le début d'un nouveau mode de pensée ou d'un nouveau mode de vie. En tout cas, soyez-en sûr : développer une façon de vivre et de travailler en accord avec vos convictions et vos valeurs vous donnera un grand sentiment de liberté et une solide confiance en vous… Donc n'attendez plus pour être heureux !

Les clés de la confiance en soi

La marque d'un leader est la confiance en soi, vous devez donc développer votre confiance en vous. Il serait facile de consacrer tout un ouvrage à cette question (et il en existe), mais ce n'est pas l'objet de ce livre. Voici donc seulement trois grandes lignes sur lesquelles méditer et travailler en cas de besoin.

• *Accepter l'épreuve comme une occasion de progresser*

À moins d'être le manager le plus chanceux de la planète, vous serez confronté à plusieurs obstacles tout au long de votre vie professionnelle. Ce n'est pas une raison pour vous plaindre ou vous débiner ; apprenez à faire face et à surmonter les difficultés. Toute situation inédite vous force à sortir de votre zone de confort, c'est donc l'occasion de tester vos limites et d'apprendre de nouvelles choses, alors pourquoi refuser cette opportunité ?

• *Assumer ses responsabilités sans se victimiser*

En cas d'échec, n'accusez pas les autres ou la conjoncture ; il n'y a aucune raison pour que l'univers se plie en quatre afin de vous faciliter la vie… Analysez posément le déroulement des événements et voyez où la situation a commencé à se dégrader. Vous avez probablement commis une erreur quelque part ou omis un détail qui s'est révélé important. Ne vous flagellez pas : on apprend plus de ses erreurs que de ses réussites, donc vous serez meilleur la prochaine fois !

• *Dépasser la peur de l'échec*

La peur de l'échec est un sentiment naturel mais elle ne doit pas vous paralyser au point de vous empêcher d'oser. Souvenez-vous de la différence entre le trac positif et le trac négatif, vous pouvez utiliser le stress comme un moteur et une source d'énergie. Et posez-vous la question : que se passera-t-il si vous échouez ?

La réponse est simple : rien du tout, vous en serez au même stade que maintenant. Donc allez-y, lancez-vous !

Chapitre 14

Les modes d'analyse et de communication

Dans certains pays comme les États-Unis ou le Canada, la communication interpersonnelle constitue une discipline universitaire, au même titre que la sociologie ou la gestion. On est bien loin de cette situation en Europe, mais il n'est pas inutile de jeter un œil sur ces écoles de pensée qui proposent de nouvelles façons de communiquer. Après tout, qu'avez-vous à y perdre ?

La programmation neurolinguistique

La programmation neurolinguistique (ou PNL) est un ensemble coordonné de connaissances et de pratiques dans le domaine de la psychologie. Élaborée par Richard Bandler et John Grinder, elle vise à donner des outils de maîtrise de la communication et du changement.

Parfois controversée en raison d'interprétations éthiques souvent abusives, la PNL repose sur un ensemble de présupposés, similaires aux axiomes en mathématiques. Ces présupposés se distinguent de ceux élaborés en philosophie car ils ne représentent pas une vérité considérée comme absolue ; leurs formulations résultent en effet d'un choix délibéré et pragmatique, elles sont progressivement affinées lors des travaux de développement de la PNL. Ces principaux présupposés sont au nombre de neuf :

- « La carte n'est pas le territoire. »
- « Derrière chaque comportement, il y a une intention positive. »
- « Il n'y a pas d'échec mais seulement des apprentissages. »
- « Le sens de la communication est donné par la réponse qu'on en obtient. »
- « Ce que d'autres peuvent apprendre, je peux l'apprendre aussi. »
- « Le corps et l'esprit font partie du même système cybernétique. »
- « Le langage est une représentation secondaire de l'expérience. »
- « On ne peut pas ne pas communiquer. »
- « Loi de la variété requise. »

Il serait un peu laborieux de s'attarder sur chacun de ces axiomes et ce n'est pas l'objet de ce livre, mais les praticiens de la PNL ont modélisé de nombreuses techniques de changement et leurs usages coordonnés permettent d'obtenir de bons résultats. Parmi ces méthodes, il y a notamment des techniques linguistiques qui sont intéressantes à exploiter : le métamodèle et le modèle de Milton.

Le métamodèle

Ce modèle sert à mettre en évidence les mécanismes utilisés par le sujet pour transformer son expérience sensorielle en langage, ce qui permet d'enrichir sa conception du monde. On utilise pour cela de nombreuses questions, ce qui peut être perçu comme une méthode inquisitoriale, mais le métamodèle est fréquemment utilisé didactiquement (lors de formations, par exemple) sans que cela ne suscite de problème particulier.

L'objectif peut être de préciser et de réaliser ses objectifs comme de modifier ses représentations mentales, ce qui entraîne une nouvelle perception des éléments connexes et permet ainsi une vision plus neutre et plus positive des situations de communication.

Le modèle de Milton

Modélisée par Milton Erickson, cette technique est un ensemble de formulations verbales qui sont suffisamment floues et imprécises pour que le patient puisse y intégrer sa propre expérience, ce qui permet de ne pas interférer avec le vécu du sujet (celui-ci pouvant alors projeter sa propre perception de la réalité).

En pratique, cette technique consiste à utiliser des tournures de phrases volontairement nuancées et généralistes afin de ne pas heurter les conceptions de son interlocuteur, pour l'emmener lentement mais sûrement vers le point de vue que l'on défend... Très utile en matière de négociation !

La communication non violente

La communication non violente (ou CNV) a été conceptualisée dans les années 1970 par Marshall B. Rosenberg, qui la définit comme « le langage et les interactions qui renforcent notre aptitude à donner avec bienveillance et à inspirer aux autres le désir d'en faire autant ». L'empathie est donc au cœur de ce processus de communication et le concept de non-violence fait référence à la philosophie de Gandhi (ahimsa) : l'objectif est de communiquer avec l'autre sans lui nuire.

Selon son fondateur, le but de la CNV est de « favoriser une qualité de relations qui va permettre de répondre aux besoins des uns et des autres en étant uniquement motivée par l'élan du cœur et la joie de le faire ». Cela peut sembler un peu naïf ou superficiel, mais pourtant, ça fonctionne ! En effet, toujours selon Rosenberg, on constate que « d'une part, ce qui nous apporte notre plus grande joie, c'est de nous relier à la vie en contribuant à notre propre bien-être et à celui des autres ; d'autre part, la spiritualité et l'amour se manifestent davantage dans nos actes que dans nos sentiments ».

Ainsi, la communication non violente peut être utilisée pour atteindre trois objectifs : clarifier ce qui se passe en soi-même, s'exprimer d'une manière qui favorise le dialogue, écouter l'autre d'une manière qui favorise le dialogue (quelle que soit la manière de s'exprimer de l'autre). Pour cela, la CNV utilise une méthode en quatre étapes :

- observation (décrire la situation en termes d'observations partageables) ;
- sentiments et attitudes (exprimer les sentiments et attitudes liés à cette situation) ;
- besoins (clarifier les besoins) ;
- demande (faire une demande réalisable, concrète, précise et formulée positivement).

Ainsi, la communication non violente nous invite à traduire nos besoins généraux en demandes concrètes, ce qui permet d'envisager des actions précises pour satisfaire les besoins les plus urgents et de prévoir des actions possibles afin de répondre à un problème qui pourrait se (re)produire dans le futur… N'est-ce pas là un merveilleux outil pour un leader ? À noter que selon les principes de la CNV, il est préférable d'éviter les exigences, la menace, les ordres ou la manipulation : de telles méthodes sont susceptibles d'entraîner des sentiments négatifs (peur, angoisse, frustration) et ne suscitent donc pas la bienveillance de notre interlocuteur.

Enfin, l'intérêt de la communication non violente, outre une démarche vertueuse, est qu'il ne s'agit pas d'un procédé rigide avec une manière de parler qu'il faut suivre point par point. Les concepts proposés ne sont pas des règles à suivre mais des repères destinés à faciliter l'expression de la bienveillance. Certains contestent à ce titre la CNV pour ses difficultés d'application : il n'est en effet pas toujours facile de rester bienveillant lorsqu'un interlocuteur est volontairement désagréable ou provocant... Mais je vous le garantis, ça vaut le coup d'essayer !

L'analyse transactionnelle

Fondée par le psychiatre américain Eric Berne, l'analyse transactionnelle (ou AT) est une théorie de la personnalité et de la communication qui vise à permettre une prise de conscience et une meilleure compréhension de « ce qui se joue ici et maintenant » dans les relations entre deux personnes et dans les groupes.

L'analyse transactionnelle propose ainsi des grilles de lecture pour la compréhension des problèmes relationnels ainsi que des modalités d'intervention pour résoudre ces problèmes, en s'appuyant sur douze concepts :

- les états du Moi ;
- les transactions ;
- l'économie des signes de reconnaissance ;
- la structuration du temps ;
- les positions de vie ;
- la gestion des sentiments ;
- les jeux psychologiques ;
- les méconnaissances et les passivités ;

- les mots d'ordre ;
- les injonctions et permissions fondamentales ;
- le scénario de vie ;
- l'autonomie.

Une des idées phares de l'analyse transactionnelle est que la souffrance n'est pas inéluctable : la connaissance de nos propres comportements et de leurs sources peut nous aider à changer les comportements douloureux. À ce titre, l'AT est fréquemment utilisée en psychothérapie afin d'aller vers une prise de conscience des ressorts internes du patient et de l'accompagner vers l'épanouissement personnel.

Cependant, la psychothérapie n'est pas le seul champ d'application de l'analyse transactionnelle : elle est aussi utilisée dans le secteur de l'éducation et dans les métiers du conseil, notamment dans le conseil en organisation. En effet, l'AT est très utile aux éducateurs pour favoriser le développement de la personnalité et d'intégration sociale des enfants et des adolescents, et c'est un outil efficace pour les consultants qui souhaitent accompagner la croissance et le développement des personnes (ainsi que l'accroissement de l'efficacité des individus) travaillant dans l'organisation qui fait appel à eux.

Découvrez l'écologie relationnelle !

Conceptualisée par Jacques Salomé, l'écologie relationnelle s'appuie sur un constat formulé par son fondateur : « Il y a une relation très étroite entre l'écologie qui tente de prendre en compte d'une part notre relation avec les ressources de la planète Terre et, d'autre part, l'équilibre à préserver entre toutes les espèces vivantes dans leurs relations à l'homme et l'écologie relationnelle qui défendrait des relations sans violence, plus conviviales et apaisées entre les humains. »

L'écologie relationnelle se veut donc un processus personnel et collectif qui prend la forme d'un aller-retour constant sur soi-même, en regard à l'autre. La mise en place d'une communication interpersonnelle apaisée permet ainsi de libérer la parole, de fluidifier la relation à l'autre pour mieux gérer les conflits et d'apprendre à faire ensemble pour apprivoiser la peur du ridicule et se détendre en équipe. Jacques Salomé a ainsi conceptualisé deux systèmes : SAPPE et ESPERE.

• *Le système SAPPE*

« Sourd, aveugle, pernicieux, pervers, énergivore » (SAPPE) : voilà un mode de communication préjudiciable où dominent la manipulation, les injonctions et les menaces. Il produit des relations dominés-dominants à sens unique, où le stress domine largement l'expression des besoins de chacun, ce qui finit par saper la communication. Vous l'aurez compris, c'est exactement ce qu'il faut éviter !

• *La méthode ESPERE*

ESPERE signifie « Énergie spécifique pour une écologie relationnelle essentielle ». Cette méthode regroupe des outils de communication et des règles d'hygiène relationnelle qui favorisent une communication de qualité. Parmi ces outils et ces règles, on retiendra notamment :

- parler à l'autre plutôt que parler sur l'autre ;
- prendre en compte la sphère émotionnelle ;
- s'affirmer plutôt que rechercher l'approbation ;
- préférer l'apposition à l'opposition ;
- différencier les sentiments des relations.

Chapitre 15

S'évaluer, s'entraîner, progresser

Vous l'avez désormais forcément compris : pour progresser, il faut vous entraîner. Mais plutôt que de vous planter bêtement devant votre miroir pour répéter ce que vous allez dire à votre cousin Jimmy qui se marie dans deux semaines, commencez par évaluer vos interventions publiques afin d'identifier vos points forts et vos points faibles ; cela vous servira de base pour savoir sur quels aspects travailler en priorité. Ensuite, il faudra vous armer d'énergie et de volonté pour vous documenter, travailler, répéter, recommencer, vous corriger… et atteindre l'excellence !

S'évaluer : filmer, enregistrer, demander

Si vous êtes en mesure de le faire, n'hésitez pas à utiliser les moyens modernes comme outils d'évaluation. Filmez ou faites filmer vos prestations, enregistrez-vous avec un dictaphone ou le micro MP3 de votre smartphone… et n'attendez pas le jour J pour vous demander à quoi ressemble votre prestation ! Même si cela n'a évidemment rien à voir avec une prise de parole devant 300 personnes, vous pouvez tout à fait vous enregistrer pendant que vous répétez votre discours dans votre bureau afin de détecter des difficultés d'élocution ou des erreurs de respiration, ou tout simplement pour minuter votre intervention !

N'écoutez pas les grands théoriciens de la neutralité : l'autoévaluation est un vecteur de progression très efficace… à condition qu'elle soit bien menée. Ne vous contentez pas de vous jeter des pierres ou des fleurs en vous disant que vous êtes absolument nul ou absolument génial, aucune de ces deux démarches ne vous aidera à faire mieux la prochaine fois. Au contraire, soyez pragmatique :

- Qu'est-ce qui fonctionne ?
- Qu'est-ce qui ne fonctionne pas ?
- Comment faire pour que ça fonctionne ?

J'insiste clairement sur la question du « comment » ; on a généralement tendance à se demander « pourquoi », mais ce n'est pas très efficace. Ne cherchez pas des coupables, cherchez des solutions.

Par exemple : vous vous rendez compte en visionnant la vidéo de votre dernière conférence que votre ton était un peu monotone jusqu'à ce qu'une personne vous interrompe pour vous poser une question, et vous avez alors continué avec beaucoup plus d'enthousiasme. La question n'est pas de savoir pourquoi vous étiez un peu mou, mais plutôt de trouver comment provoquer un échange vivifiant dès le début de votre présentation. Et la solution est toute trouvée : commencez votre intervention en posant une question ouverte à vos auditeurs, invitez-les à répondre et commentez cet échange. C'est en cherchant comment progresser plutôt que pourquoi vous avez échoué que vous obtiendrez les résultats les plus rapides.

Enfin, si les outils numériques modernes sont d'excellents outils pour vous enregistrer et vous évaluer a posteriori, ne négligez pas une autre source de conseils avisés : ceux qui vous ont écouté !

Fuyez les flagorneurs et les thuriféraires, ils vous feront peut-être du bien à l'ego mais ils ne vous aideront pas à vous améliorer. Questionnez les autres participants, interrogez vos amis, demandez-leur ce qui leur a plu et ce qui aurait pu être utilement changé. Si les réponses se limitent à « c'était pas mal » ou « c'était bien », ne vous arrêtez pas là, demandez des précisions comme « c'était pas mal mais qu'est-ce que j'aurais pu modifier pour que ce soit vraiment bien ? » ou « peux-tu me préciser ce que tu as apprécié et ce qui aurait pu te déranger ? ».

Ce type d'interrogations auprès de vos proches vous permettra d'avoir un premier aperçu des points à modifier ou à renforcer, et cela vous offrira aussi un point de vue différent du vôtre pour améliorer vos prochaines prestations. Par ailleurs, vous remarquerez aussi que si vos amis et collègues se montrent sans doute un peu réservés les premières fois, ils prendront vite l'habitude de vous donner un retour sur vos discours : « je t'ai dit d'arrêter de tripoter ta cravate, tu le fais toutes les deux secondes ! » ou « sérieux, change ta blague d'accroche, tu fais un bide à chaque fois… ».

Ne négligez pas ces élans naturels de générosité et de franchise, exploitez-les pour faire encore mieux à chaque fois, et un jour, vous les entendrez vous dire : « Alors là, t'as cartonné, mon pote ! » Les pavés que vos proches vous jettent maintenant sont les prémices du piédestal qu'ils vous bâtiront plus tard !

S'entraîner : lire, appliquer, recommencer

En matière de discours et de prise de parole en public, la littérature ne manque pas ! Outre ce livre (que vous pouvez recommander à toutes vos connaissances, ne vous gênez surtout pas), vous pouvez trouver en librairie un nombre incroyable d'ouvrages sur l'art de captiver son public, les méthodes d'une négociation réussie, les clés d'une présentation efficace… Bien sûr, tous les bouquins ne se valent pas. Certains sont excellents (comme celui-ci, pas vrai ?), d'autres sont vaguement utiles, et certains sont carrément nuls. À vous de faire le tri !

Mais qu'est-ce qui fait la différence entre une lecture profitable et une lecture inutile ? Généralement, c'est vous ! Que l'ouvrage que vous lisez ne contienne qu'une ou deux ficelles à exploiter ou qu'il soit une encyclopédie des trucs et astuces pour devenir un bon orateur, la seule variable qui fera une différence, c'est la volonté que vous mettrez dans l'application des conseils que vous recevez.

Car vous pouvez être la personne la plus érudite du monde en matière de rédaction et de présentation de discours, cela ne vous sera d'aucune aide si vous ne franchissez jamais le pas entre lire et agir. Rassurez-vous, le cas échéant, vous ne seriez pas le premier ! Car les fausses excuses et les motifs de procrastination ne manquent jamais quand on veut éviter de sortir de sa zone de confort...

- « Je n'ai pas le temps ! »
- « C'est trop compliqué pour moi ! »
- « Je n'y arriverai jamais ! »
- « Je le ferai demain ! »
- « Je n'ai pas encore prévu tous les cas... »

Sans blague, qui croyez-vous convaincre avec de tels arguments ? Pour tout ce qui concerne le temps que vous devriez y consacrer, ne perdez pas de vue la loi de Parkinson : « Le travail s'étale de façon à occuper le temps disponible pour son achèvement. » Donc pour être efficace, c'est bien simple : utilisez un chronomètre ! En ne vous accordant qu'un laps de temps défini pour accomplir vos tâches, vous éviterez de vous disperser entre la télévision et les réseaux sociaux, et cela vous laissera du temps pour apprendre et progresser.

Si c'est la question de la compétence ou du potentiel qui vous paralyse, arrêtez de vous flageller comme ça : vous n'êtes ni meilleur ni moins bon qu'un autre, vous manquez simplement de méthode et d'entraînement. La bonne nouvelle, c'est que vous avez ce livre entre les mains, et que c'est une base amplement suffisante pour passer d'un timide « oui, alors, euh… je voulais vous dire que… » à un énergique « Qui a lu *L'Alchimiste* de Paolo Coelho ? Je vous en parle parce que je viens de le relire pendant mes vacances et une phrase m'a sauté aux yeux : "Les décisions représentent seulement le commencement de quelque chose." Or justement, je suis là pour vous annoncer une décision qui va changer pour de bon les perspectives de notre entreprise… »

Devenir un bon orateur ne dépend que de vous et de l'énergie que vous y mettrez. Ne remettez pas vos progrès à plus tard en vous disant que vous serez bientôt dans de meilleures dispositions. Préparer demain commence aujourd'hui : quand on ne veut pas, on trouve des excuses, mais quand on veut, on trouve des moyens. Agissez dès maintenant, vous vous en féliciterez plus tard.

Dernière chose : ce n'est pas parce que vous avez intériorisé le conseil du dernier gourou à la mode que vous allez soudain devenir un grand orateur, ce serait trop facile. Non, vous progresserez pas à pas, et ce n'est déjà pas si mal. Donc armez-vous de patience en même temps que de courage, car il faudra recommencer… chaque fois que l'occasion se présente !

Progresser : formation et coaching personnalisé

Certaines personnes ont une capacité innée à se prendre en main elles-mêmes. Il leur suffit d'une conférence pour lancer une idée, d'une idée pour monter un projet, et d'un projet pour obtenir une victoire. Quelles chanceuses !

Pour d'autres, c'est beaucoup plus compliqué, et même avec la meilleure volonté du monde, le passage à l'acte reste difficile. Mais rien n'est impossible ! Si vous ne parvenez pas à progresser tout seul, inscrivez-vous à des formations ou prenez un coach pour vous guider. Surtout, ne restez pas immobile, car la Terre tourne et le monde bouge, donc il faut suivre le mouvement si vous ne voulez pas qu'on vous dépasse.

Méditez sur cet extrait d'un article de Peter Drucker paru dans le *Harvard Business Review* : « Nous vivons un âge d'opportunités sans précédent : si vous avez l'ambition et l'intelligence, vous pouvez monter au sommet du métier que vous avez choisi quel que soit votre point de départ. Mais avec cette opportunité vient la responsabilité. Les entreprises, aujourd'hui, ne gèrent plus les carrières de leurs employés ; les travailleurs du savoir doivent effectivement devenir leur propre P-DG. C'est à vous de vous tailler une place, de savoir quand il est temps de changer de trajectoire, et de rester engagé et productif pendant une vie de travail qui dure une cinquantaine d'années. »

En substance : si les tarifs pratiqués par les instituts de formation et les coachs sont un peu trop élevés pour votre porte-monnaie, sollicitez votre patron ! L'échange est à double sens : vous devez admettre que votre travail inclut une notion de développement personnel, mais votre entreprise doit admettre que le développement personnel crée de la valeur, donc elle doit le prendre en charge. Ce n'est pas moi qui le dis, ce sont les professeurs de management Sumantra Ghoshal et Christopher Barlett qui l'ont écrit dans *The Individualized Corporation*, un livre qui date de 1997 !

L'intérêt de ces prestations est double. D'une part, vous avez un expert qui prend en charge votre programme de formation et vous n'avez donc plus à penser à la structuration de votre progression. D'autre part, vous avez quelqu'un qui est payé pour vous botter les fesses, et c'est sans doute ça qui vous manque !

Par ailleurs, ces formations très ciblées peuvent être utiles pour travailler sur un point en particulier qui vous pose problème, qu'il s'agisse de la rédaction proprement dite, de votre gestuelle lorsque vous parlez, de votre façon de prononcer certaines consonnes, de votre difficulté à maintenir une posture volontaire, de votre goût affreux en matière de costumes... Quel que soit le problème, un bon coach vous trouvera une solution !

Conclusion

Cinq derniers conseils pour devenir un meilleur orateur

« Quoi que tu rêves d'entreprendre, commence-le. L'audace a du génie, du pouvoir, de la magie. »

Au moment de clore ce livre, cette citation de Johann Wolfgang von Goethe sonne comme une ode à la création et à l'audace. Je vous encourage donc à suivre cette recommandation : la différence entre la réussite et l'échec se limite souvent à la différence entre agir et attendre. Soyez l'artisan de votre propre réussite, vous pourrez en être fier lorsque vous marcherez sur les sommets.

Avant de conclure et quitte à me répéter, laissez-moi vous donner cinq derniers conseils, qui vous permettront de devenir non seulement un meilleur orateur… et sans doute un meilleur être humain.

Analysez votre attitude et identifiez vos valeurs

Que vous soyez d'un naturel timide ou plutôt expressif n'y change rien : vous pouvez devenir un bon orateur si vous apprenez à dompter votre angoisse et à communiquer avec les autres. Mais rien ne sert d'avoir la langue bien pendue si vous n'avez aucune valeur à partager.

Un message ne peut pas simplement se composer d'exhortations à l'action, de reproches menaçants ou de congratulations permanentes. Vous devez bâtir votre communication personnelle et votre communication d'entreprise autour de valeurs qui vous sont chères.

Soyez optimiste mais honnête avec vous-même

Nous connaissons tous des gens qui vous diront pourquoi une chose ne fonctionne pas alors qu'elle fonctionne, des gens qui mémorisent un nombre incroyable de mauvaises nouvelles et qui confondent prémonition et malédiction. Fuyez-les : avoir une attitude négative ne sert à rien.

En revanche, il n'est pas beaucoup plus productif de se réfugier dans un optimisme béat. Soyez confiant en l'avenir et confiant en vos propres capacités, mais soyez honnête avec vous-même. Identifiez vos points faibles et vos défauts, puis faites quelque chose pour corriger le tir.

Acceptez de demander de l'aide

L'arrogance est bien souvent la cause de l'ignorance, et il n'y a aucune honte à ne pas tout savoir. Lorsque vous avez besoin d'une information dont vous ne disposez pas ou lorsque vous avez besoin du renfort de quelqu'un d'autre, n'hésitez pas à demander de l'aide.

En revanche, ne tombez pas dans l'écueil inverse (et de plus en plus fréquent) qui vous pousserait à empoisonner la vie de vos collègues et collaborateurs en exigeant régulièrement qu'ils fassent votre travail à votre place. Il y a une différence entre une aide et une béquille.

Rejoignez un réseau qui vous ressemble

Qui se ressemble s'assemble ; c'est un vieux dicton, mais il est toujours d'actualité. Toutes les communes de dimension raisonnable abritent des groupements ou des associations de jeunes cadres, de managers seniors, de citoyens engagés et de chefs d'entreprise. Trouvez un réseau qui vous convient et rejoignez-le.

Une telle structure est une merveilleuse occasion de développer sa vie sociale, de rencontrer des gens qui partagent les mêmes envies et les mêmes problèmes. C'est aussi une excellente source d'information et parfois un appui pour vous soutenir dans vos projets.

Trouvez un mentor

Un mentor est quelqu'un qui a de l'avance sur le chemin que vous voulez suivre. Si vous vouliez devenir une superstar du catch, vous iriez voir Hulk Hogan ou Shawn Michaels. Si vous vouliez devenir un Jedi, vous iriez voir maître Yoda ou Luke Skywalker. C'est la même chose pour votre carrière !

Trouvez un mentor qui vous guidera et vous servira non pas de modèle, mais d'exemple (ça fait une différence !). Si vous ne connaissez personne pour endosser ce rôle, des livres peuvent devenir vos meilleurs mentors, mais n'hésitez pas à entrer en contact avec leurs auteurs, ils savent souvent se rendre disponibles si votre demande est bien construite et bien formulée.

Enfin, comme je vous le disais en introduction, progresser ne dépend que de vous et personne ne peut vous dire que vous allez échouer si vous vous donnez les moyens d'y arriver. Souvenez-vous d'une chose : la meilleure façon de prédire l'avenir, c'est de le construire. Vous commencez quand ?

Bonus

On se retrouve sur Internet ?

Ce livre ne se limite pas au petit opus que vous avez entre les mains. Faute de temps, faute de place, plusieurs éléments n'ont pu y figurer. Mais nous vivons une époque moderne où rien ne se perd puisque (presque) rien ne se crée, les joies du numérique permettant de (presque) tout conserver !

Je vous invite donc à vous rendre sur www.remi-raher.com pour y découvrir tout ce que vous n'avez pas pu lire dans ces pages... et bien plus encore ;-)